Christoph Drösser & Holger Geißler (Hg.)

Wir Deutschen
& die Liebe

Wie wir lieben. Was wir lieben.
Was uns erregt.

Let's ask about sex, maybe.

Holger Geißler

„Lass uns nicht von Sex reden - ich weiß gar nicht, wie das gehen soll", textete der Sänger der Band Blumfeld, Jochen Distelmeyer, 1992. Doch kann man Menschen zu etwas befragen, über das man so schwierig reden kann wie über Sex? Diese Frage stellten wir uns zu Beginn. Über 200 Fragen später können wir sagen: Ja, kann man.

Besondere Sorgfalt musste angesichts der Sensibilität des Themas auf die Formulierung der Fragen gelegt werden. Von großem Vorteil war, dass alle Umfragen mittels repräsentativer Online-Umfrage über das YouGov-Panel Deutschland durchgeführt wurden: eine anonyme Befragungssituation ohne die Anwesenheit eines Interviewers. Gute Voraussetzungen, um ehrliche und unverblümte Antworten zu erhalten. Zusätzlich wurden die Daten analysiert und bereinigt. Gibt es Menschen mit mehr als 200 unterschiedlichen Sexpartnern? Einige wenige schon, da aber das arithmetische Mittel sensibel auf solche Ausreißer reagiert, sind wir bei Mengenangaben zumeist auf den robusteren Median ausgewichen, der die Verteilung der Antworten in zwei gleich große Hälften teilt.

Alle Daten wurden mit den intelligent verbundenen Daten von „YouGov Profiles" verknüpft, wodurch Einblicke in die Liebeswelt der Deutschen möglich wurden, die bislang nicht denkbar waren: Hätten Sie vermutet, dass Katholiken sich leichter verlieben als Protestanten? Oder dass Kaffeetrinker deutlich leichtfertiger mit Verhütung umgehen als Teetrinker?

Manchmal witzig, oft erstaunlich und hin und wieder auch traurig: Uns haben die Ergebnisse in ihren Bann gezogen. Nicht nur, weil sie voyeuristische Blicke in deutsche Schlafzimmer erlauben. Sondern weil es ein einfaches „Schwarz und Weiß" im Liebes- und Sexleben der Menschen nicht gibt. Es gibt wohl kaum ein Thema, das die Vielfalt der Deutschen so sehr repräsentiert, wie Liebe und Sexualität.

„Wir leben in aufgeklärten Zeiten."

Christoph Drösser

Es gibt kaum noch sexuelle Tabus, und wer sich für eine besondere Spielart interessiert, findet im Netz mit ein paar Mausklicks explizite Darstellungen dazu und auch gleichgesinnte Menschen, mit denen er sie praktizieren kann. Mit einem Buch zum Liebes- und Sexleben der Deutschen kann man also kaum noch jemanden schockieren, und die interessantesten unserer Umfragen sind auch nicht diejenigen, die sich auf die nackten Tatsachen in deutschen Schlafzimmern beziehen.

Spannender ist die Frage, was diese gesellschaftliche Freizügigkeit mit dem Einzelnen macht. Haben sich die moralischen Maßstäbe verschoben? Finden Männer und Frauen den eigenen Körper unzureichend, weil sie sich ständig mit unrealistischen Vorbildern aus den weichen und harten Pornos vergleichen? Sorgt die scheinbar ständige Verfügbarkeit von Sexpartnern im Internet für eine „Wegwerf-Mentalität", für einen mangelnden Bindungswillen, weil man ja morgen schon etwas Besseres finden könnte?

Das Ergebnis ist das Bild eines Volks, das einvernehmlichen Sex zwischen Erwachsenen in allen Spielarten toleriert und sich nicht moralisch über andere erhebt. Das gleichgeschlechtlichen Paaren nicht nur die „Ehe für alle" zugesteht, sondern mehrheitlich auch das Adoptionsrecht. Und das andererseits bei all dieser erotischen Unübersichtlichkeit immer noch an dauerhafte Beziehungen glaubt – und an die Liebe auf den ersten Blick.

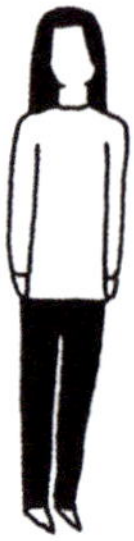

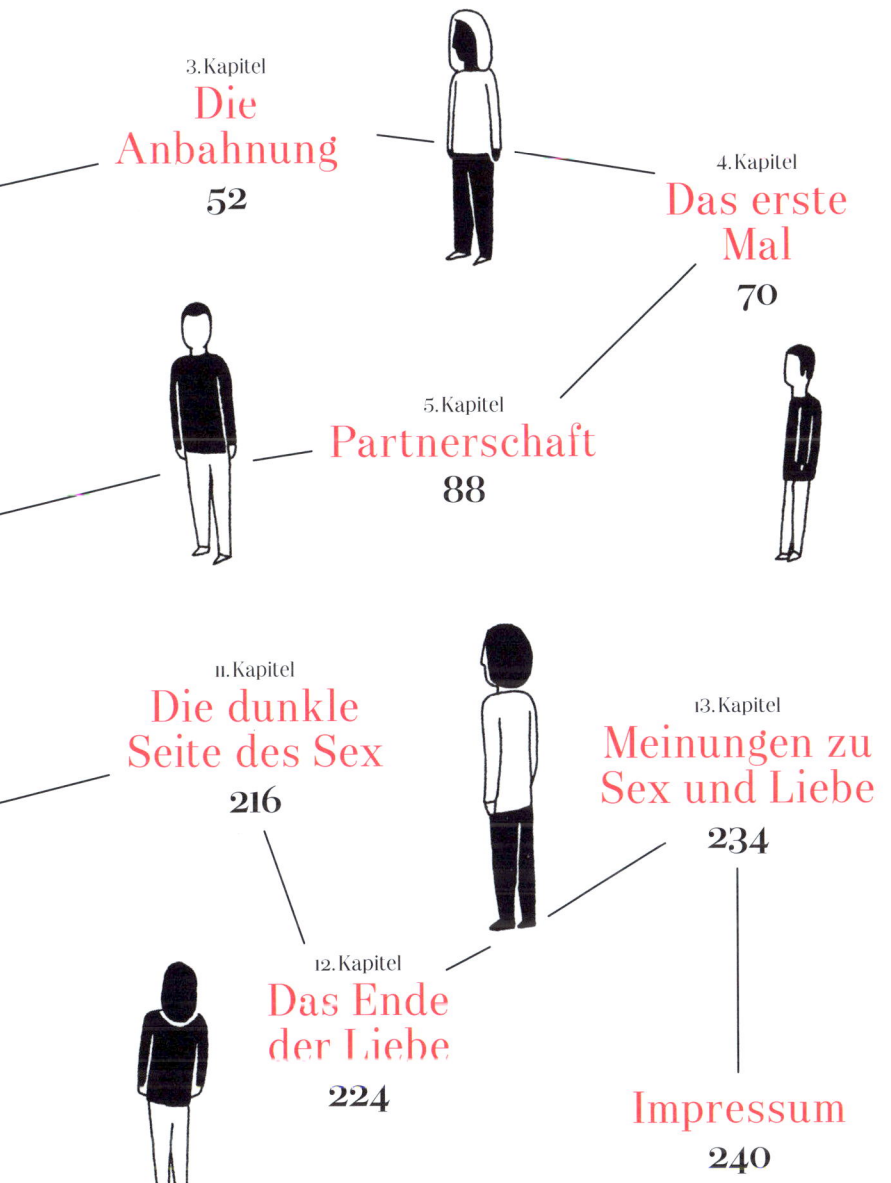

1.

Ein Gefühl namens Liebe

Fangen wir sanft an, ganz ohne Sex: Wir lieben unsere Eltern, wir lieben unsere Kinder. Wir lieben andere Männer und Frauen, ohne dass es dabei um Sex geht. Wir schwärmen für den Lehrer oder eine Sängerin. Wir schauen romantische Filme (jedenfalls die Frauen) und hören Liebeslieder. Und wir bekommen rote Ohren, wenn wir die ersten Gefühle für einen möglichen Partner empfinden. Dann denken wir an nichts anderes mehr. Und wenn die Liebe dann erwidert wird, ändern wir unseren Beziehungsstatus auf Facebook.

DER SCHWIERIGSTE SATZ DER WELT

„Ich liebe dich" – man überlegt sich dreimal, bevor einem dieser Satz über die Lippen kommt. Die meisten von uns tun das nur ein paarmal in ihrem Leben, Männer häufiger als Frauen.

Zu

4

Personen hat der durchschnittliche Mann schon gesagt: „Ich liebe dich."

Ein Gefühl namens Liebe

Basis: alle Befragten, n=2051 Erhebungszeitraum: 04.05.2017-13.05.2017

Frauen sagen zu durchschnittlich

3

Menschen, dass sie sie lieben.

An dieser Stelle verwenden wir den sogenannten Median: Er gibt die Zahl an, die die Bevölkerung in zwei Hälften teilt – die eine Hälfte hat einen Wert angegeben, der kleiner ist als der Median (oder gleich), bei der andere Hälfte ist der Wert größer oder gleich dem Median. Das ist ein realistischerer Wert für den „typischen Deutschen" als der Durchschnitt, der durch extrem große oder kleine Angaben verzerrt wird.

PAPAKIND, MAMAKIND?

12 % lieben ihren Vater am meisten.

25 % lieben ihre Mutter am meisten.

61 % sagen: Ich liebe beide gleich stark.

MUTTERLIEBE, VATERLIEBE

Lieben – beziehungsweise liebten – Sie Ihre Eltern?

Ja, beide Elternteile	Ja, aber nur meine Mutter	Ja, aber nur meinen Vater	Nein
70 %	**14 %**	**5 %**	**8 %**

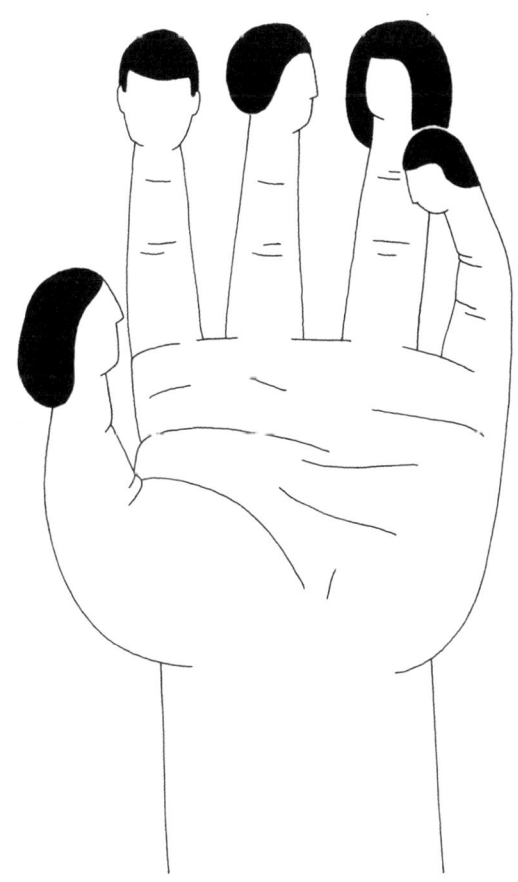

Basis: alle Befragten, n=2061 Erhebungszeitraum: 04.05.2017-13.05.2017

95%
aller Eltern lieben alle ihre Kinder.

DIE GELIEBTEN VERWANDTEN

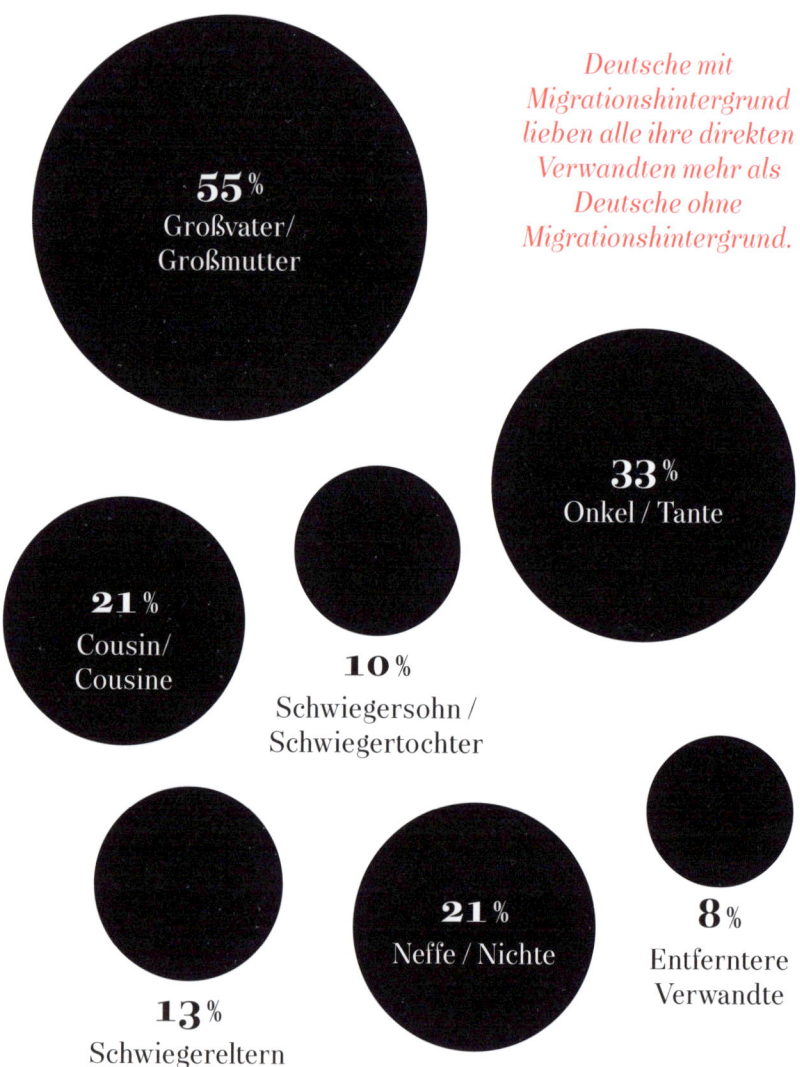

55% Großvater/ Großmutter

Deutsche mit Migrationshintergrund lieben alle ihre direkten Verwandten mehr als Deutsche ohne Migrationshintergrund.

33% Onkel / Tante

21% Cousin/ Cousine

10% Schwiegersohn / Schwiegertochter

21% Neffe / Nichte

8% Entferntere Verwandte

13% Schwiegereltern

22% der Männer und **15**% der Frauen lieben keinen ihrer Verwandten.

68 %

lieben alle ihre Geschwister. 15 % nehmen mindestens einen Bruder oder eine Schwester von der Liebe aus. Und 17 % lieben ihre Geschwister überhaupt nicht.

PLATONISCHE LIEBE

Gibt es Menschen, zu denen Sie sich hingezogen fühlen, ohne sie körperlich zu begehren?

	♂	♀
... zu Männern	19 %	33 %
... zu Frauen	36 %	35 %

Basis: alle Befragten, n=2061 Erhebung.zeitraum: 04.05.2017-13.05.2017

DIE ERSTE LIEBE

„Mit wie viel Jahren waren Sie zum ersten Mal in einen anderen Menschen verliebt?"

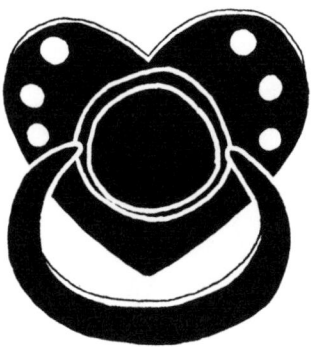

Es kommt darauf an, zu welcher Generation die Befragten gehören.

Vergleicht man die Antworten der 18- bis 24-Jährigen mit denen von über 55-Jährigen, dann stellt sich heraus: Heute verliebt man sich früher als vor 50 Jahren.

Die Alten verliebten sich im Durchschnitt zum ersten Mal mit

15 Jahren,

die Jungen schon mit

13,5 Jahren.

Eine andere Zahl, die zeigt, dass die Liebe immer früher einschlägt: An ihrem 14. Geburtstag waren **44**% der Jungen schon einmal verliebt, bei den Alten waren es nur **23**%.

Basis: alle Befragten, n=2061 Erhebungszeitraum: 04.05.2017-13.05.2017

Ein Gefühl namens Liebe

WEM MAN SICH ANVERTRAUT

Wenn Sie sich frisch verliebt haben – wem erzählen Sie davon?
Frauen gehen zu ihrer besten Freundin, Männer sind mutiger
und sprechen das Objekt ihrer Gefühle direkt an.

♂ | ♀

Einem guten

Freund

bzw. einer guten Freundin

34% | **50**%

Der Person, in die ich verliebt bin

26% | **16**%

Den Eltern

6% | **9**%

Dem Bruder oder der Schwester

6% | **10**%

Dem Tagebuch

2% | **8**%

Basis: alle Befragten, die schon einmal verliebt waren, n=1994 Erhebungszeitraum: 04.05.2017-13.05.2017

BEZIEHUNGSSTATUS:
„ES IST KOMPLIZIERT!"

*Wie wichtig ist es Ihnen, dass Ihr Beziehungsstatus in
Ihren sozialen Netzwerken aktuell ist?*

30%
„Das ist mir unwichtig
und ich halte ihn
nicht aktuell."

29%
„Ich möchte nicht,
dass jemand meinen
Beziehungsstatus bei
Facebook sehen kann."

Basis: alle Befragten, die soziale Netzwerke Nutzen, bei denen man seinen Beziehungsstatus angeben kann, n=1394 Erhebungszeitraum: 04.05.2017–13.05.2017

Ein Gefühl namens Liebe

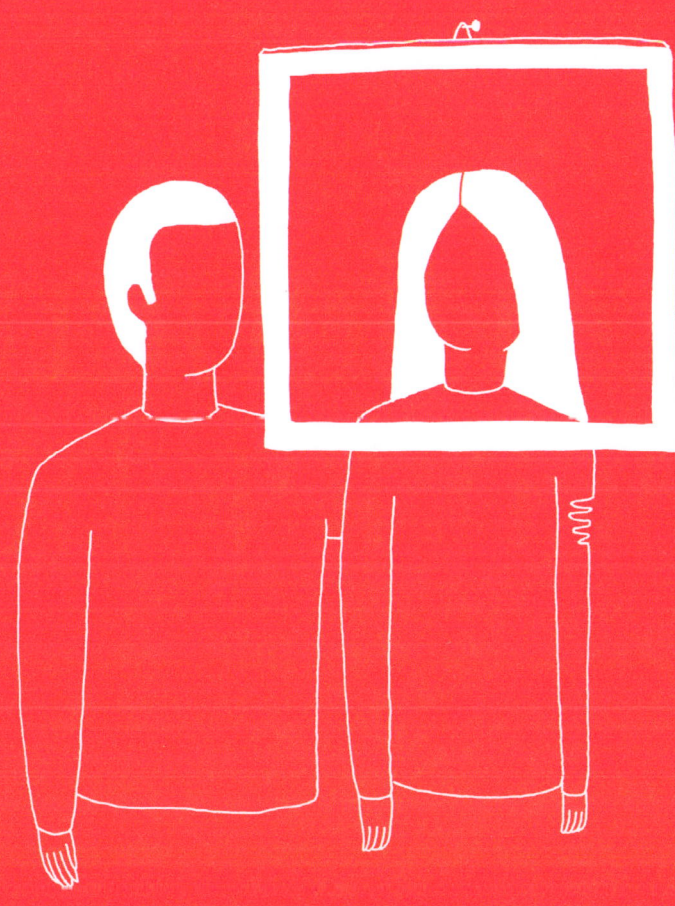

18%
„Das ist mir
unwichtig, aber ich
halte ihn aktuell."

12%
„Das ist mir
wichtig und ich
halte ihn aktuell."

5%
„Das ist mir wich-
tig, aber ich halte
ihn nicht aktuell."

**24 %
der Männer**

verlieben
sich leicht.

**Von den Frauen
sind es nur
18 %.**

Basis: alle Befragten, n=2061 Erhebungszeitraum: 04.05.2017-13.05.2017

*Katholiken sagen eher, dass sie sich leicht
verlieben (24 %) als Protestanten (17 %).*

Ein Gefühl namens Liebe

GEORGE CLOONEY, ERHÖRE MICH!

*In welche dieser Personen waren Sie schon einmal verliebt?
Frauen schwärmen mehr für Prominente, Männer werfen
eher ein Auge auf die Kollegin.*

Basis: alle Befragten, die schon einmal verliebt waren, n=1994 Erhebungszeitraum: 04.05.2017-13.05.2017

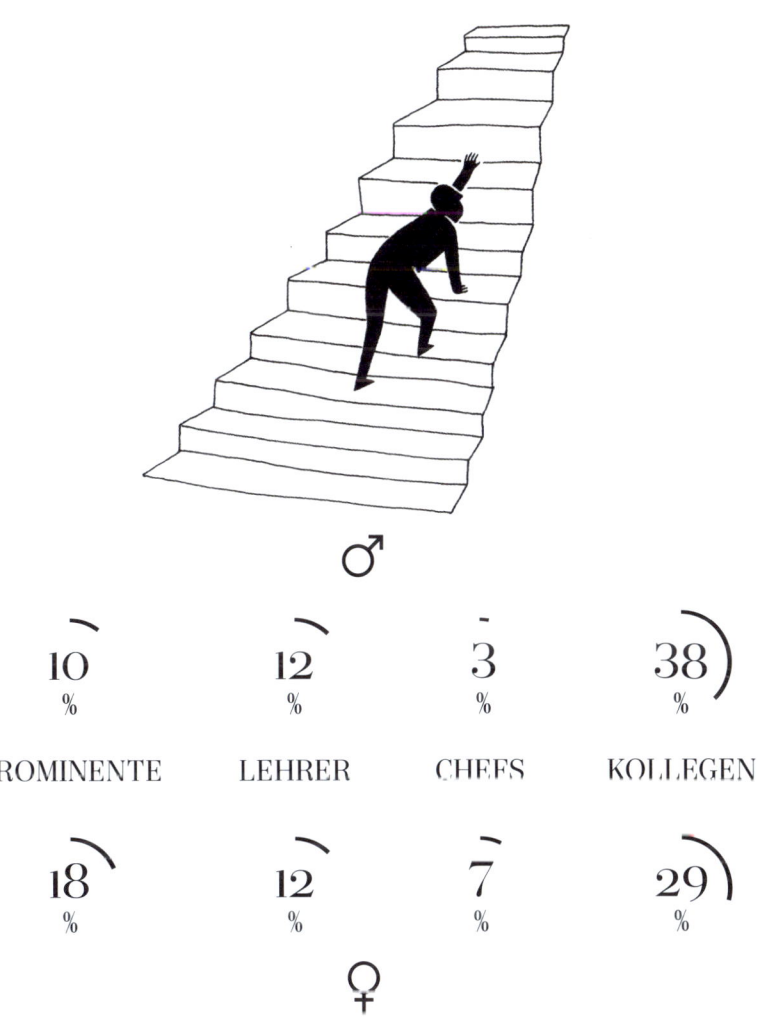

♂

10 %	12 %	3 %	38 %
PROMINENTE	LEHRER	CHEFS	KOLLEGEN
18 %	12 %	7 %	29 %

♀

AUF WOLKE SIEBEN

Wenn Sie verliebt sind, welche Auswirkungen hat das auf Ihr Leben?

37 % „Es dominiert meine Gedanken und Gefühle."

13 % „Ich kann an nichts anderes mehr denken!"

22 % „Es fällt mir schwer, mich auf andere Dinge zu konzentrieren."

31 % „Es ist eine schöne Nebensache."

11 % „Es hat keine spürbaren Auswirkungen auf mein Leben."

Basis: alle Befragten, die schon einmal verliebt waren, n=1994 Erhebungszeitraum: 04.05.2017 - 13.05.2017

HEY, HABT IHR KEIN ZUHAUSE?

Sie sehen in der Öffentlichkeit ein Paar, das offenbar verliebt ist, turtelt und ungehemmt Zärtlichkeiten austauscht. Was denken Sie?

61%

„Wie schön für die beiden!"

12%

„Das sollen die zu Hause machen, aber nicht hier!"

23%

„Das ist mir egal."

Basis: alle Befragten, n=2061 Erhebungszeitraum: 04.05.2017–13.05.2017

Ein Gefühl namens Liebe

WIE ROMANTISCH!

Liebesfilme, Liebesromane, Liebeslieder –
das ist ganz eindeutig eine Domäne der Frauen.

Frauen schauen
lieber Liebesfilme.

27 %  64 %

Frauen lesen auch
lieber Liebesromane.

8 %  49 %

Und Frauen mögen
romantische Musik.

52 %  73 %

AUSSAGEN ÜBER DIE LIEBE

„Liebe wird allgemein
überschätzt.“
♂ 29 % ♀ 22 %

„Liebe ist ein Wort, mit dem ich
nicht viel anfangen kann.“
♂ 14 % ♀ 11 %

„Wenn es mehr Liebe
gäbe, wäre die Welt ein
besserer Ort.“
♂ 79 % ♀ 85 %

„Liebe ist eine gewaltige Macht,
vor der ich auch ein bisschen
Angst habe.“
♂ 40 % ♀ 46 %

Basis: alle Befragten, n=2061 Erhebungszeitraum: 04.05.2017-13.05.2017

Ein Gefühl namens Liebe

LIEBESPOST

Heute erklärt man seine Zuneigung anders als früher.

Nur 28 % der Jungen (18-24) haben schon einmal einen klassischen

Liebesbrief

geschrieben – in der Altersgruppe 55+ sind es 55 %.

Dafür haben 34 % der Jungen schon mal über Sex getextet, bei den Älteren sind es nur 17 %.

WAS BEIM „SEXTING" VERSCHICKT WIRD:

Texte (per SMS, WhatsApp, E-Mail etc.) 77 %

Bilder 62 %

Sprach-nachrichten 17 %

Videos 22 %

Basis: alle Befragten, n=2061 Erhebungszeitraum: 26.06.2017-03.07.2017; Basis: alle Befragten, die schon mal Sexting-Nachrichten versandt haben, n=585 Erhebungszeitraum: 26.06.2017-03.07.2017

DIE SPRICHWÖRTLICHE LIEBE

Der Volksmund kennt einige Weisheiten über die Liebe. Fast alle werden von der Mehrheit der Deutschen bestätigt.

Liebe macht blind!

74%

Basis: alle Befragten, n=2061 Erhebungszeitraum: 04.05.2017-13.05.2017

Ein Gefühl namens Liebe

Liebe geht durch den Magen.

56 %

Das Aussehen bestimmt, ob man zusammen kommt, der Charakter, ob man zusammen bleibt.

65 %

Alte Liebe rostet nicht.

58 %

Durch die Ferne wächst die Liebe.

29 %

Was sich liebt, das neckt sich.

66 %

Wer ohne Liebe lebt, ist lebendig tot.

65 %

2.

Mein Körper und ich

Angesichts der oft per Bildbearbeitung geschönten Models und Muskelmänner, die uns die Medien und die Werbung ständig präsentieren, ist es fast überraschend, dass zwei Drittel der Deutschen sagen: Ich bin mit meinem Körper zufrieden! Fast allen ist klar, dass ihnen da unrealistische Schönheitsideale vermittelt werden. Die Menschen finden sich selbst überdurchschnittlich attraktiv und arbeiten an ihrem Äußeren. All das gilt auch, wenn es um Sex geht: Man orientiert sich nicht am wirklichkeitsfernen Bild, das Pornodarsteller vorgeben, sondern ist im Großen und Ganzen mit dem zufrieden, was einem die Natur mitgegeben hat.

72%
der Männer sind
mit ihrem Körper
zufrieden.

62%

der Frauen sind mit ihrem Körper zufrieden.

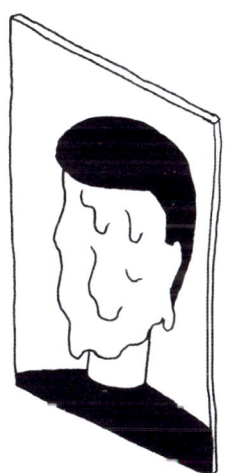

Interessanterweise nimmt die Körperzufriedenheit mit dem Alter eher zu: **74**% der über 55-jährigen Männer stehen zu Falten und lichtem Haar, während nur **58**% der 18- bis 24-jährigen Frauen ihren jungen Körper mögen.

Und Westkörper (**68**%) sind zufriedener als Ostkörper (**63**%).

Basis: alle Befragten, n=2062 Erhebungszeitraum: 20.04.2017–27.04.2017

KÖRPERARBEIT

Versuchen Sie Ihren Körper - z.B. durch Sport,
Operationen oder Diäten - attraktiver zu machen?

43 % der Männer bemühen sich aktiv um einen
schöneren Körper, gegenüber **51** % der Frauen.

GESUNDES ESSEN MACHT SCHÖN ...

... glaubt eine Mehrheit. Männer stählen sich durch Sport,
Frauen wollen sich eher schön hungern.

Ernährung

72 %  83 %

Sport

51 %  35 %

Diät

29 %  34 %

Schönheits-OP

2 %  3 %

Basis: alle Befragten, n=2062 Erhebungszeitraum: 20.04.2017-27.04.2017; Basis: alle Befragten,
die versuchen, ihren Körper zu verbessern/verschönern, n=972 Erhebungszeitraum: 20.04.2017-27.04.2017

Mein Körper und ich

DIE MÜHE LOHNT SICH

Haben Sie bisher Erfolg damit, Ihren Körper attraktiver zu machen?

Basis: alle Befragten, die etwas tun, um ihren Körper zu verbessern, n=966 Erhebungszeitraum: 20.04.2017–27.04.2017

Am meisten Körperarbeit leisten die Frauen zwischen 25 und 34: 67 % von ihnen versuchen, ihren Körper attraktiver zu machen.

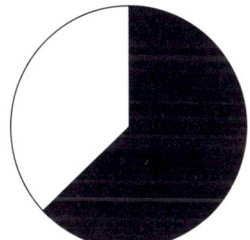

63 %
sagen, dass ihre Arbeit am
eigenen Körper erfolgreich war.

29 %
hoffen, dass sich der
Erfolg noch einstellt.

Wenn sie ihre
Attraktivität auf einer
Skala von

0 ———————— 10

einschätzen sollen,
geben sich die
Menschen durch-
schnittlich einen
Wert von

5,7.

Homo- und
Bisexuelle sind
bescheidener – oder
realistischer?
Ihr Durchschnitt: 5,3.

AUFBREZELN FÜR DEN FLIRT

Wählen Sie Ihre Kleidung bewusst aus, um auf andere (noch) attraktiver zu wirken?

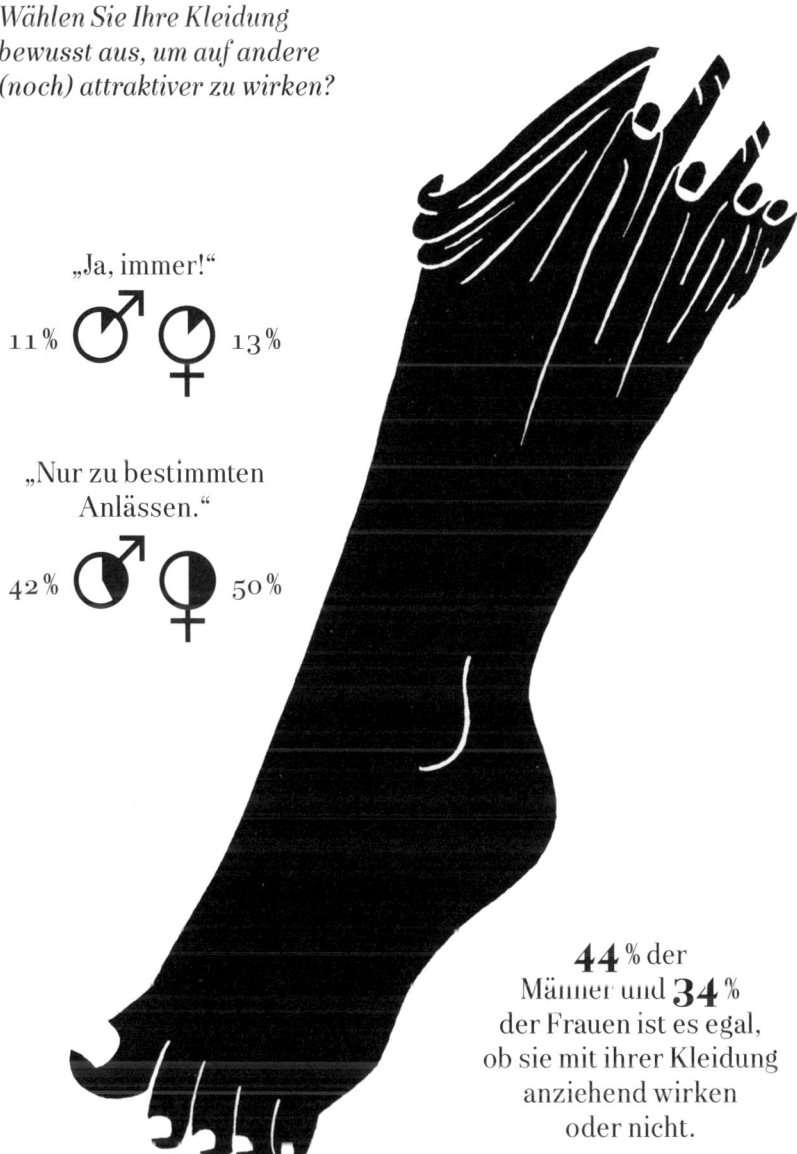

„Ja, immer!"

11 % ♂ ♀ 13 %

„Nur zu bestimmten Anlässen."

42 % ♂ ♀ 50 %

44 % der Männer und **34** % der Frauen ist es egal, ob sie mit ihrer Kleidung anziehend wirken oder nicht.

Basis: alle Befragten, n=2062 Erhebungszeitraum: 20.04.2017–27.04.2017

SONNTAGSREDEN?

Präsentiert man ihnen Aussagen über äußerliche und innere Schönheit, dann sagen die meisten Deutschen, dass sie sich von reinen Äußerlichkeiten nicht blenden lassen.

„Wahre Schönheit kommt von innen.“

73%

„Jeder Mensch kann schön sein.“

68%

Basis: alle Befragten, n=2062 Erhebungszeitraum: 20.04.2017–27.04.2017

Mein Körper und ich

0 %

„In Medien und Werbung werden uns unrealistische Schönheitsideale präsentiert."

„Äußerliche Schönheit wird in unserer Gesellschaft überbewertet."

(83%)

„Unverstand macht selbst die Schönheit hässlich."

71%

„Innere und äußere Schönheit gehören untrennbar zusammen."

58%

14% der Männer fühlen sich unsicher, wenn sie ihren Penis mit dem von anderen Männern vergleichen.

West:
12%

Ost:
19%

78% der Männer sind mit der Länge ihres Penis zufrieden.

Basis: alle Männer, n= 1005 Erhebungszeitraum: 20.04.2017–27.04.2017

18 % der Frauen fühlen sich unsicher, wenn sie ihre Brüste mit denen von anderen Frauen vergleichen.

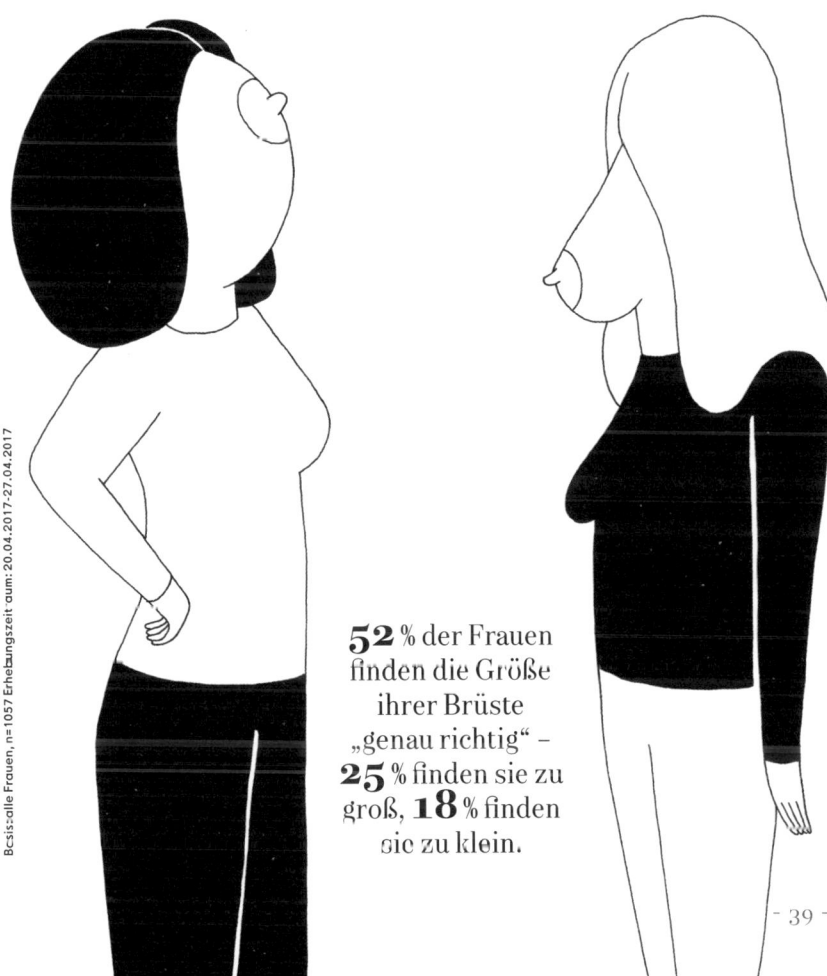

52 % der Frauen finden die Größe ihrer Brüste „genau richtig" – **25** % finden sie zu groß, **18** % finden sie zu klein.

Basis: alle Frauen, n=1057 Erhebungszeitraum: 20.04.2017–27.04.2017

INTIMER SCHMUCK

Ein Intimpiercing haben 1% der Heterosexuellen und 5% der Homo- und Bisexuellen.

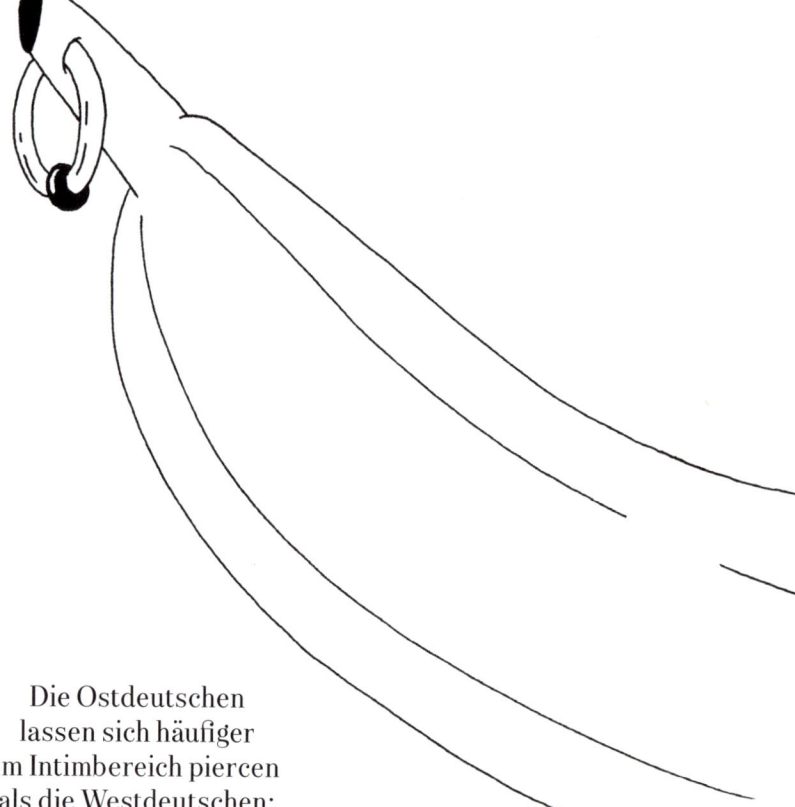

Basis: alle Befragten, n=2062 Erhebungszeitraum: 20.04.2017–27.04.2017

Die Ostdeutschen lassen sich häufiger im Intimbereich piercen als die Westdeutschen: **2,7**% gegenüber **1,3**%.

MODIFIZIERTE KÖRPER

17 % der Deutschen haben sich ein

Tattoo

unter die Haut stechen lassen, 8 % haben sich den Körper mit einem Piercing verschönern lassen.

Die Altersgruppe mit den meisten Tattoos sind die 35- bis 44-Jährigen (30 %), die meisten Piercings haben die 18- bis 24-Jährigen (19 %).

FÜR DIE SCHÖNHEIT UNTERS MESSER

Haben Sie schon einmal daran gedacht, eine Schönheitsoperation durchführen zu lassen?

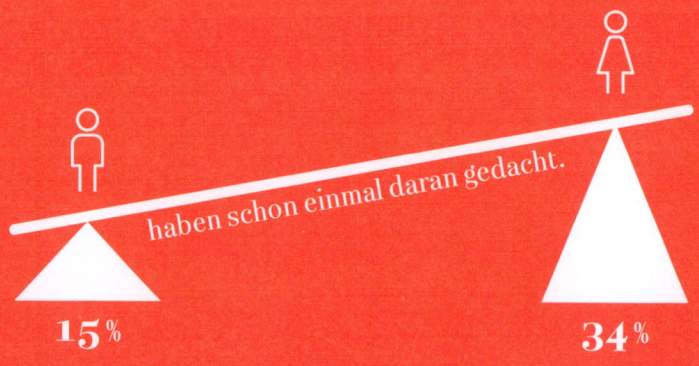

haben schon einmal daran gedacht.

15% **34**%

2% der Männer und **3**% der Frauen haben sich tatsächlich unters Messer gelegt.

DIE BELIEBTESTEN KÖRPERTEILE:

♂ **43**% GESICHT   **20**% HÜFTEN/PO   **18**% GENITALIEN

♀ **50**% BRUST   **39**% GESICHT   **28**% HÜFTEN / PO

Basis: alle Befragten, n=2062 Erhebungszeitraum: 20.04.2017-27.04.2017; Basis: alle Befragten, die daran gedacht haben eine Schönheits-OP durchführen zu lassen oder es bereits getan haben, n=559 Erhebungszeitraum: 20.04.2017-27.04.2017

15 %

der Männer
sind beschnitten.

Basis: alle Männer, n=1005 Erhebungszeitraum: 20.04.2017–27.04.2017

Mein Körper und ich

WEG MIT DEN LOCKEN!

Besonders die jüngeren Deutschen stören sich an Haaren im Intimbereich. Nur 30% der Deutschen lassen die Haare ungehindert sprießen.

Frauen mit Migrationshintergrund entfernen zu 37% komplett ihre Schambehaarung.

Basis: alle Befragten, n=2062 Erhebungszeitraum: 20.04.2017-27.04.2017

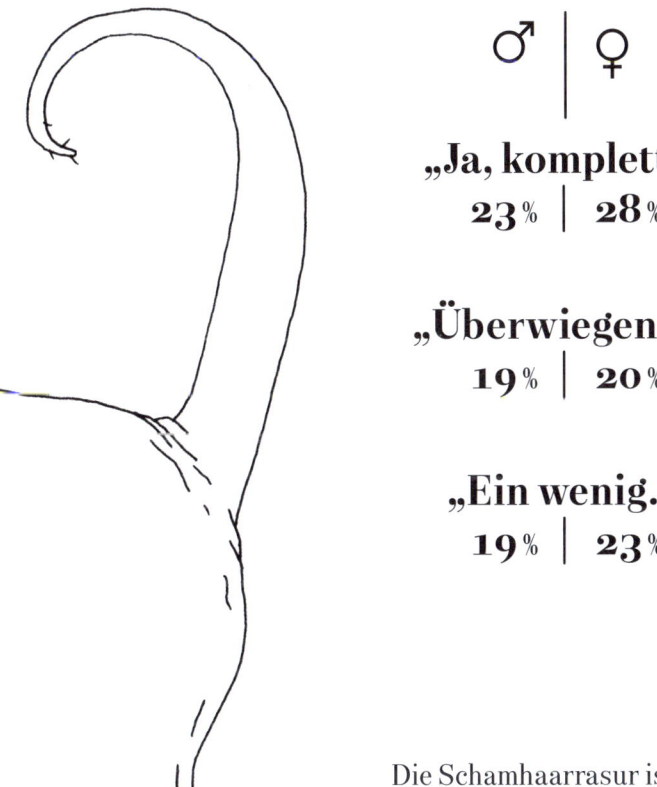

*Entfernen Sie Ihre
Schambehaarung?*

♂ | ♀

„Ja, komplett!"
23% | **28**%

„Überwiegend."
19% | **20**%

„Ein wenig."
19% | **23**%

Die Schamhaarrasur ist eine
Generationenfrage: **46**% der
25- bis 34-Jährigen rasieren sich
untenrum komplett, von den über
55-Jährigen sind es nur **12**%.

FREI UND HYGIENISCH

Weshalb entfernen Sie Ihre Schambehaarung?

62 %
„... WEIL ICH MICH
BESSER FÜHLE."

24 %
„... WEIL ES BESSER
FÜR DEN SEX IST."

48 %
„... WEIL ES BESSER
AUSSIEHT."

57 %
„... WEIL ES
HYGIENISCHER IST."

Basis: alle Befragten, die ihre Schambehaarung entfernen, n=1360 Erhebungszeitraum: 20.04.2017-27.04.2017

VORBILD PORNO

Glauben die Deutschen, dass ihre Genitalien so aussehen sollten wie die der professionellen Darsteller auf den Sexseiten im Internet?

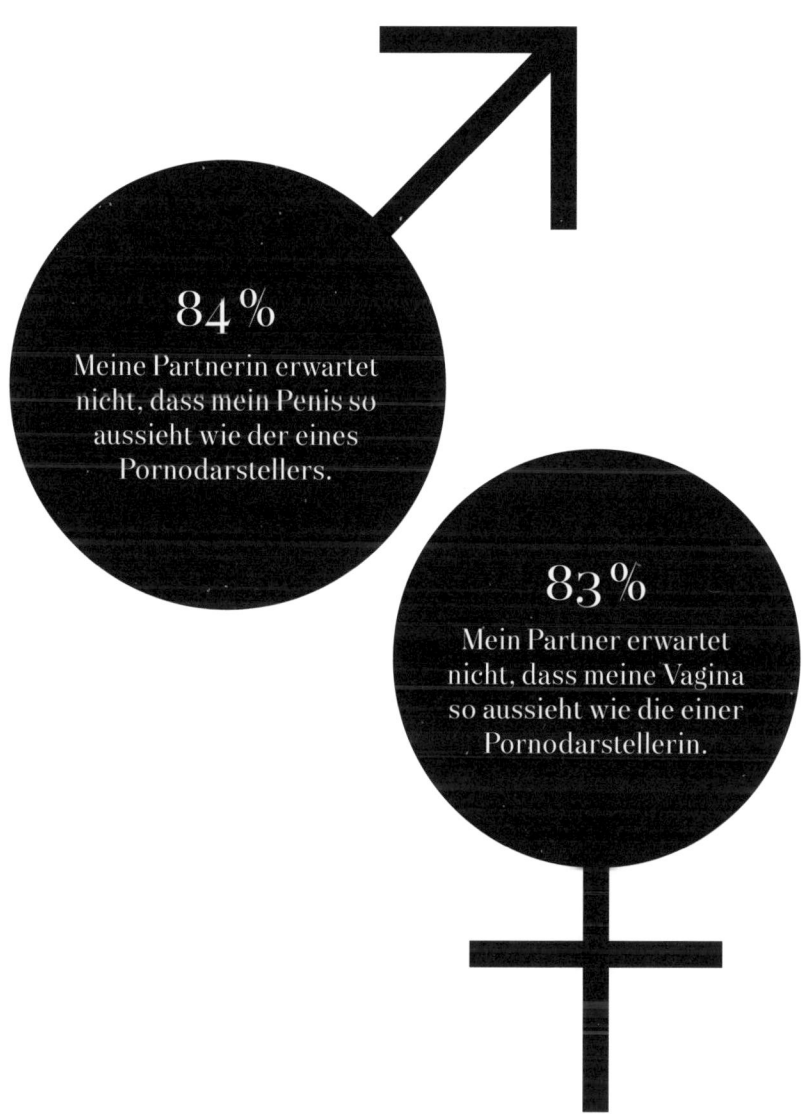

84%
Meine Partnerin erwartet nicht, dass mein Penis so aussieht wie der eines Pornodarstellers.

83%
Mein Partner erwartet nicht, dass meine Vagina so aussieht wie die einer Pornodarstellerin.

Basis: alle Befragten, n=2062 Erhebungszeitraum: 20.04.2017–27.04.2017

Basis: alle Befragten, n=2062 Erhebung·zeitraum: 20.04.2017-27.04.2017; Basis: alle Frauen, die glauben, dass es einen G-Punkt gibt, n=613 Erhebungszeitraum: 20.04.2017-27.04.2017

g.

64 % der Männer glauben, dass es bei Frauen den berüchtigten G-Punkt gibt. Die Frauen selbst glauben es nur zu 58 %.

Aber 69 % von denen sind überzeugt, ihn gefunden zuhaben.

AUFKLÄRUNG GESTERN UND HEUTE

Durch wen erfahren Kinder, woher die Babys kommen? Das hat sich in den letzten Jahrzehnten erheblich gewandelt, wie der Vergleich der jüngsten und der ältesten Altersgruppe zeigt.

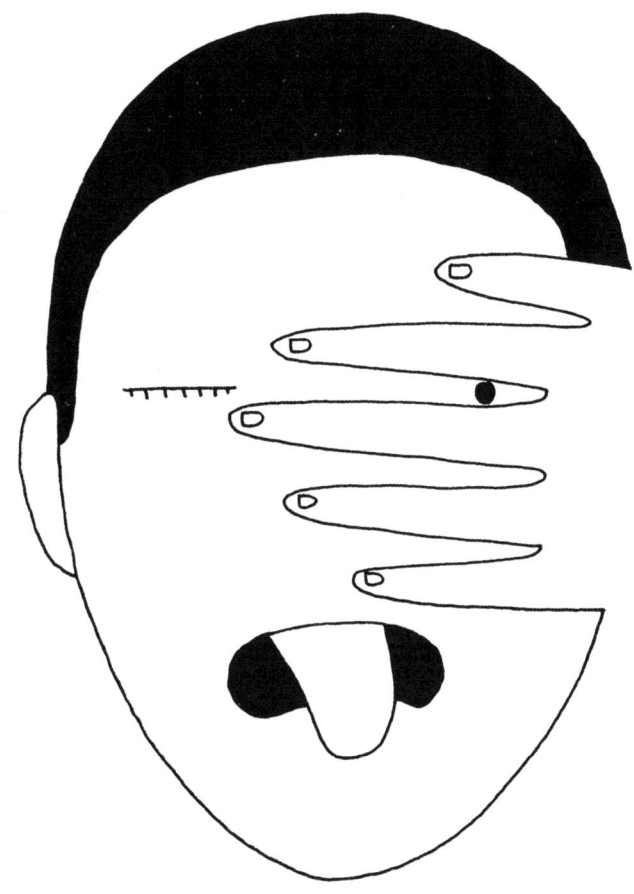

Basis: alle Befragten, n=2062 Erhebungszeitraum: 20.04.2017–27.04.2017

Mein Körper und ich

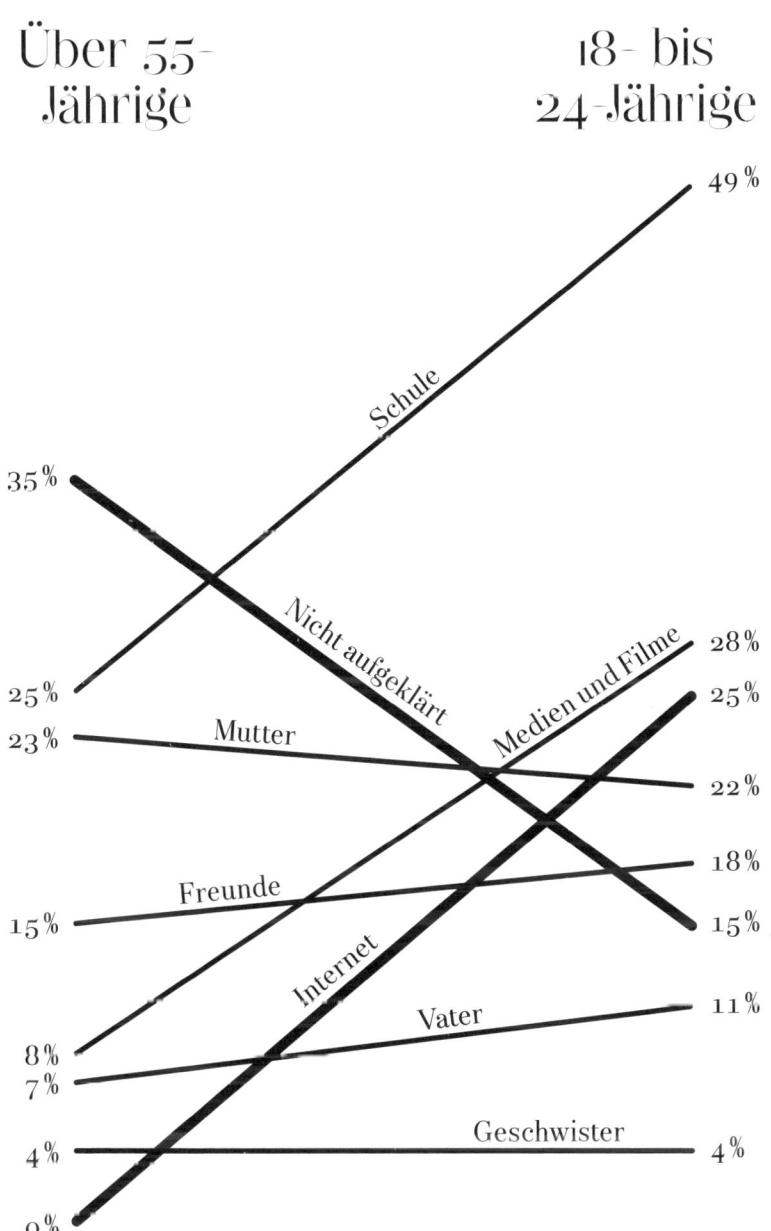

Über 55-
Jährige

18- bis
24-Jährige

49 %

Schule

35 %

Nicht aufgeklärt

Medien und Filme

28 %

25 %

25 %

Mutter

23 %

22 %

18 %

Freunde

15 %

15 %

Internet

Vater

11 %

8 %
7 %

Geschwister

4 %

4 %

0 %

3.

Die
Anbahnung

Wie findet das Männchen zum Weibchen und umgekehrt? Beide Geschlechter schauen dem möglichen Partner zunächst ins Gesicht. Die Augen, die Stimme, die Haare – das sind die ersten Eindrücke, die uns anmachen. Die Geschlechter sind gleichberechtigt, aber der Mann ist immer noch der aktivere Part, er dreht sich nach der Frau um und sucht den Blickkontakt, während Frauen eher die passive Rolle einnehmen und sich auch manchmal bedrängt fühlen. Das Internet hat die Kontaktaufnahme erleichtert, aber die meisten Paare finden sich noch immer über gemeinsame Freunde, bei der Arbeit oder auf einer Party.

70%

glauben an die Liebe
auf den ersten Blick,
45 % haben sie sogar
schon erlebt.

Basis: alle Befragten, n=2062 Erhebungszeitraum: 20.04.2017-27.04.2017

SCHAU MIR IN DIE AUGEN, KLEINER!

Augen, Stimme und Gesicht sind die wichtigsten Merkmale – sagen die Frauen.

Welche äußerlichen Eigenschaften finden Frauen an einem Mann besonders sexy?

1. Die Augen
2. Die Stimme
3. Das Gesicht allgemein
4. Groß gewachsen
5. Gut trainierter Körper
6. Gut gekleidet
7. Dreitagebart
8. Der Mund
9. Kein Bart
10. Kurze Haare
11. Ideale Maße
12. Lange Haare

Die Anbahnung

ENTZÜCKENDES GESICHT

Nach eigener Aussage schauen Männer zuerst nicht auf Busen und Po, sondern ins Gesicht der Frau.

Welche äußerlichen Eigenschaften finden Männer an einer Frau besonders sexy?

1. Das Gesicht allgemein

2. Die Augen

3. Lange Haare

4. Die Stimme

5. Ideale Maße

6. Große Oberweite

7. Der Mund

8. Gut trainierter Körper

9. Gut gekleidet

10. Kleine Oberweite

11. Kleiner Hintern

12. Großer Hintern

Basis: alle Befragten, n=2052 Erhebungszeitraum: 20.04.2017–27.04.2017

DIE INNEREN WERTE

*Welche persönlichen Eigenschaften und Verhaltensweisen finden
Sie am anderen Geschlecht besonders attraktiv? Männer und
Frauen liegen gar nicht so weit auseinander: Humor, Intelligenz und
Höflichkeit liegen ganz vorne. Frauen schätzen zudem hand-
werkliches Geschick, Männer legen Wert auf guten Geschmack.
Singen können muss der Partner nicht – da sind sich alle einig.*

Humor

47 %   55 %

Intelligenz

43 %   47 %

Höflichkeit

26 %   46 %

Basis: alle Befragten, n=2062 Erhebungszeitraum: 20.04.2017-27.04.2017

Die Anbahnung

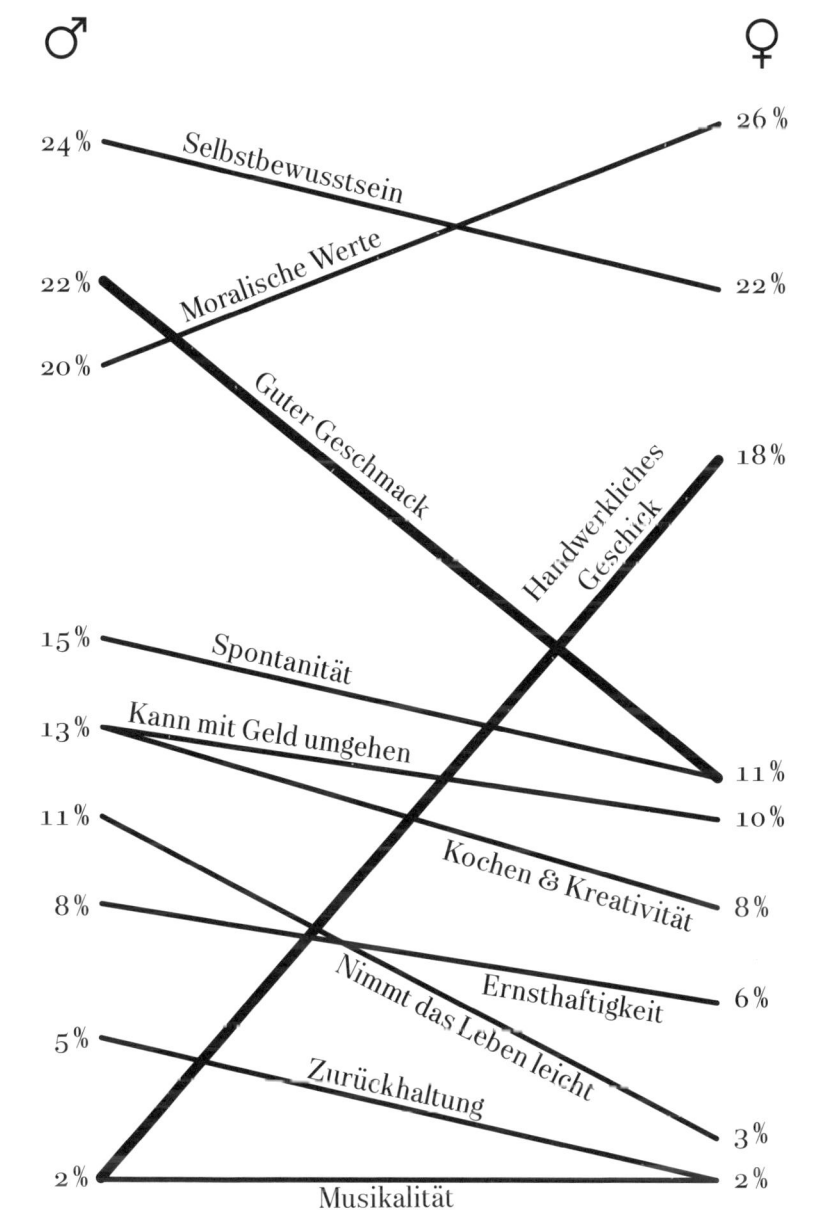

♂ ♀

24 % Selbstbewusstsein 26 %

22 % Moralische Werte 22 %

20 % Guter Geschmack

Handwerkliches
Geschick 18 %

15 % Spontanität

13 % Kann mit Geld umgehen

11 %

11 % 10 %

Kochen & Kreativität

8 % 8 %

Ernsthaftigkeit 6 %

Nimmt das Leben leicht

5 % Zurückhaltung 3 %

2 % Musikalität 2 %

WER WEM HINTERHERPFEIFT

Wer nimmt im öffentlichen Raum Kontakt zum anderen Geschlecht auf? Wer fühlt sich eher bedroht? Das Muster ist eindeutig: Männer äußern ihr Interesse aggressiver, Frauen genießen zwar die Aufmerksamkeit, fühlen sich aber auch häufig belästigt.

„Mein ‚Radar‘ für attraktive Männer/ Frauen ist ständig aktiv."

42 %  14 %

„Ich setze mich z.B. im Bus häufig in die Nähe von attraktiven Männern/Frauen."

21 %  4 %

„Ich erhalte mehr ‚eindeutige Angebote',als mir lieb ist."

8 % 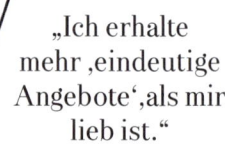 11 %

„Ich suche häufig den Blickkontakt zu attraktiven Männern/Frauen."

45 %  19 %

„Ich drehe mich auf der Straße nach attraktiven Männern/Frauen um."

59 %  27 %

Die Anbahnung

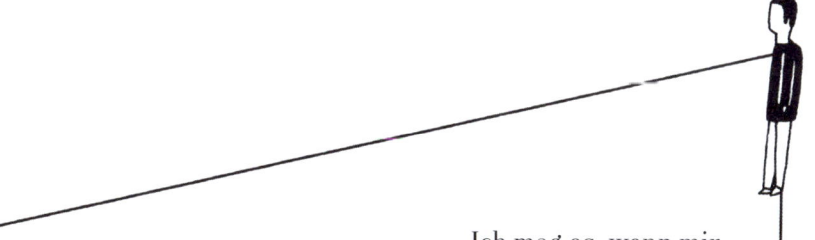

"Ich mag es, wenn mir
Fremde Komplimente
machen."

57 % ♂ ♀ 52 %

"Ich mache manchmal
wildfremden Männern/
Frauen Komplimente."

26 % ♂ ♀ 9 %

"Ich würde
gerne mehr ‚eindeutige
Angebote' erhalten."

35 % ♂ ♀ 10 %

"Mir ist es angenehm, wenn
ich merke, dass ich attraktiv
auf Männer/Frauen wirke."

65 % ♂ ♀ 60 %

"Ich fühle mich manchmal
von Fremden bedrängt, die
mich attraktiv finden."

9 % ♂ ♀ 20 %

Bas s: alle Befragte, die als ihre sexuelle Orientierung heterosexuell angegeben haben, n=1706 Erhebungszeitraum: 20.04.2017-27.04.2017

KEINE DRAUFGÄNGER

Würden Sie sich als schüchtern bezeichnen, wenn es darum geht, einen potenziellen Partner anzusprechen?

MACHT DAS INTERNET DIE LIEBE LEICHTER?

59%

sagen, durch die scheinbar ständige Verfügbarkeit
von möglichen Partnern online entsteht eine
„Wegwerf-Mentalität" – man bindet sich nicht, weil
ja im Netz schon die nächste Gelegenheit wartet.
Für 39 % ist es heute leichter, im Internet einen
Partner zu finden, aber ebenso viele lehnen
diese Aussage auch ab.

Homosexuelle beklagen
die „Wegwerf-Mentalität"
sogar zu 68 %

Basis: alle Befragten, n=2062 Erhebungszeitraum: 20.04.2017-27.04.2017

KONTAKTBÖRSE INTERNET

Partner übers Internet zu finden ist längst keine exotische Angelegenheit mehr. Und es klappt sehr gut – vor allem für Frauen.

25 % haben das Internet schon einmal für eine

ernsthafte Beziehung

genutzt.
Erfolgsquote: Männer 54 %, Frauen 62 %.

11 % haben das Internet schon einmal für eine

Spaß-/Sex- Beziehung

genutzt.
Erfolgsquote: Männer 61 %, Frauen 62 %.

5 % haben das Internet schon einmal für einen

Seitensprung

genutzt.
Erfolgsquote: Männer 53 %, Frauen 68 %.

Basis: alle Befragten, n=2062 Erhebungszeitraum: 20.04.2017-27.04.2017; Basis: alle Befragten, die einen Partner im Internet gesucht haben, n=758 Erhebungszeitraum: 20.04.2017-27.04.2017

Die Anbahnung

Basis: alle Befragten, die einen Partner für eine feste Beziehung im Internet gesucht haben, n=517 Erhebungszeitraum: 20.04.2017-27.04.2017;
Basis: alle Befragten, die einen Partner für einen Seitensprung im Internet gesucht haben, n=97 Erhebungszeitraum: 20.04.2017-27.04.2017

Basis: alle Befragten, die einen Partner im Internet gesucht haben, n=758 Erhebungszeitraum: 20.04.2017–27.04.2017

IM INTERNET IST JEDER SCHÖN

29% der Männer und **16**% der Frauen haben
bei der Partnersuche im Internet schon einmal
falsche oder beschönigende Aussagen, etwa
zu ihrem Alter oder ihrem Gewicht, gemacht.

　　　　　　　Die Anbahnung

HEUTE MUSS ES PASSIEREN!

Sind Sie schon einmal mit dem bewussten Vorsatz aus dem Haus gegangen, einen festen Partner kennenzulernen?

Ja, sagen

20 %

12 %

Basis: alle Befragten, n=2062 Erhebungszeitraum: 20.04.2017–27.04.2017

MIT DEM ALTER SCHWINDEN DIE CHANCEN

„Früher hatte ich mehr Gelegenheiten als heute, einen potenziellen Partner kennenzulernen."

18- bis 24
28 %

25- bis 34
46 %

35- bis 44
50 %

44- bis 54
52 %

über 55
57 %

WER FREUNDE HAT, FINDET AUCH PARTNER

Trotz Internet finden die meisten Menschen ihre Partner immer noch im realen Leben. Vor allem über Freunde – 40 % sagen, sie seien auf diese Weise schon einmal „verkuppelt" worden.

Über Freunde

40 %

Bar/Kneipe/ Diskothek

27 %

Bei der Arbeit

25 %

Auf einer Party

23 %

Basis: alle Befragten, n=2062 Erhebungszeitraum: 20.04.2017-27.04.2017

Die Anbahnung

In der Schule
18%

Über eine Partnerbörse im Internet/ eine App
12%

Im Urlaub
11%

Über soziale Netzwerke wie z.B. Facebook
8%

In der Universität
6%

Über eine Zeitungsanzeige
6%

Beim Sport
6%

Beim Einkaufen
5%

In öffentlichen Verkehrsmitteln
3%

Bei einer Hochzeitsfeier/ Verlobungsfeier/Taufe
2%

Das erste Mal

Genug des Vorgeplänkels – jetzt geht es um Sex. Die Menschen kommen in immer jüngerem Alter zum ersten Mal zur Sache. Und wenn es dann passiert ist, reagieren die Geschlechter sehr unterschiedlich: Während bei den männlichen Jugendlichen die wohlige Zufriedenheit vorherrscht, dass sie nun zum Mann geworden sind, zweifeln viele Mädchen, ob das nun wirklich das Richtige war. Frauen sind wählerischer, was den Partner angeht, sie haben seltener Sex um jeden Preis, und sie können auch nach Jahren noch die Namen ihrer Sexpartner nennen. Homosexuelle haben mehr Partner als Heteros, viel öfter auch nur für eine Nacht.

DIE LIEBE BEGINNT IMMER FRÜHER

Der erste Kuss, der erste Sex – die Menschen sind heute jünger,
wenn sie ihre ersten erotischen Erfahrungen sammeln.

Der durchschnittliche Mann hatte seinen ersten Zungenkuss mit **16,2** Jahren, die Durchschnittsfrau mit **15,4** Jahren.

Die heute 18-24-Jährigen hatten ihren ersten feuchten Kuss mit **15,5** Jahren. Die Generation 55+ war beim ersten Zungenkuss schon **15,8** Jahre alt.

Basis: alle Befragten, n=2061 Erhebungszeitraum: 04.05.2017-13.05.2017

Das erste Mal

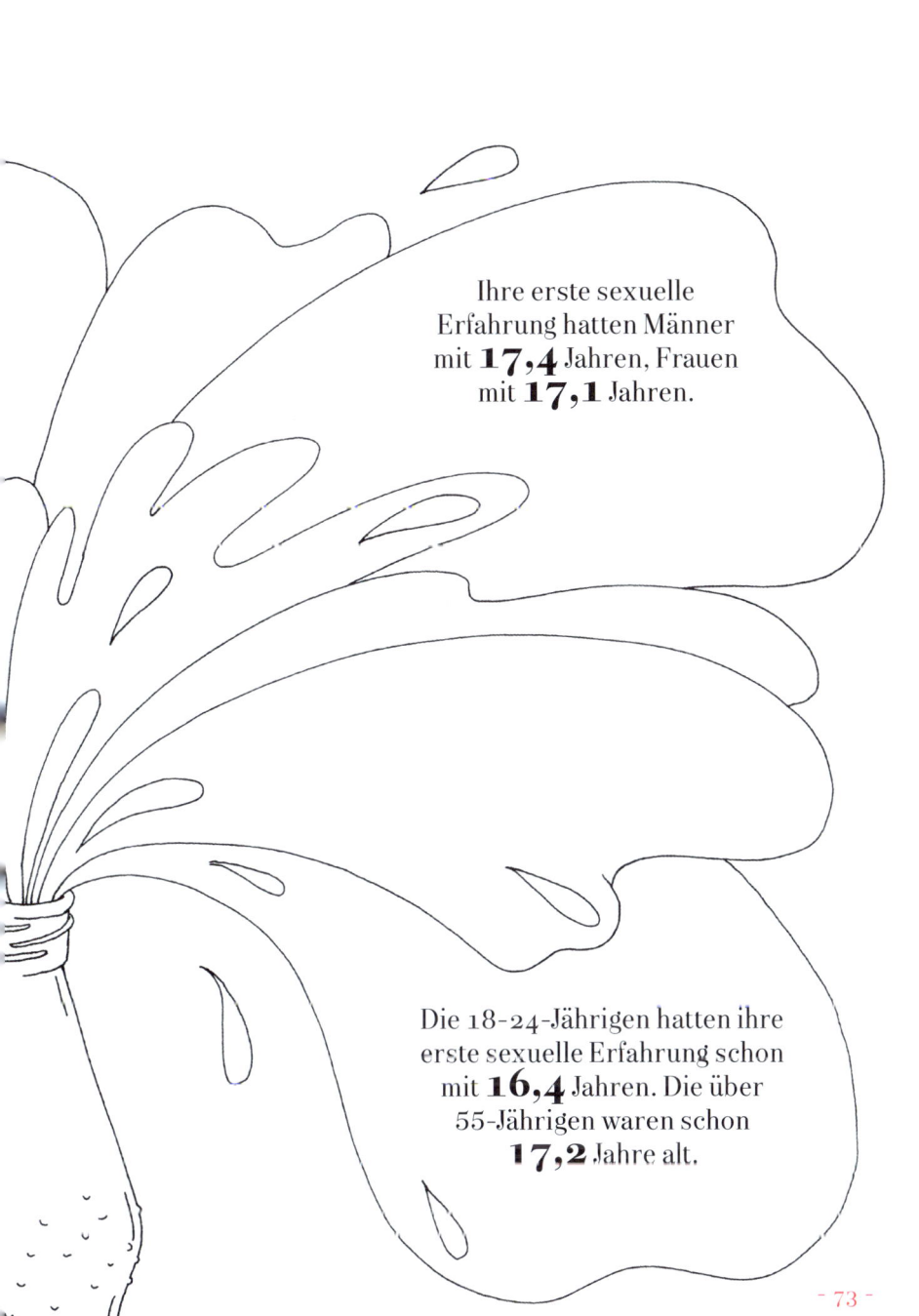

Ihre erste sexuelle Erfahrung hatten Männer mit **17,4** Jahren, Frauen mit **17,1** Jahren.

Die 18-24-Jährigen hatten ihre erste sexuelle Erfahrung schon mit **16,4** Jahren. Die über 55-Jährigen waren schon **17,2** Jahre alt.

SCHLAUE HABEN SPÄTER SEX

Alter der ersten sexuellen Erfahrung für
ausgewählte Bevölkerungsgruppen:

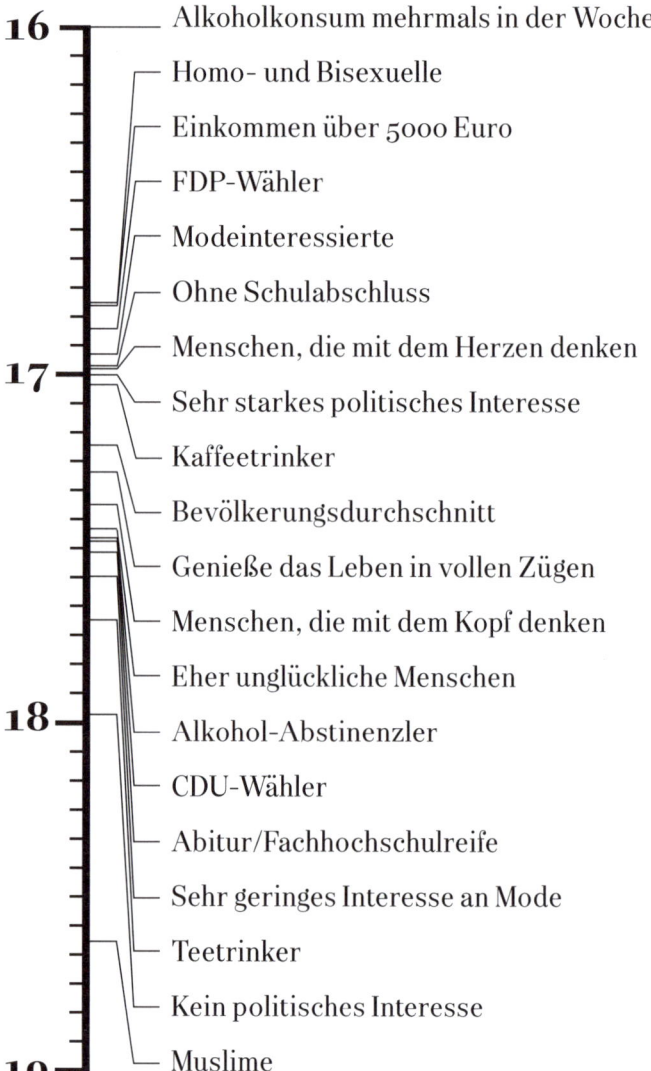

16 — Alkoholkonsum mehrmals in der Woche

Homo- und Bisexuelle

Einkommen über 5000 Euro

FDP-Wähler

Modeinteressierte

Ohne Schulabschluss

17 — Menschen, die mit dem Herzen denken

Sehr starkes politisches Interesse

Kaffeetrinker

Bevölkerungsdurchschnitt

Genieße das Leben in vollen Zügen

Menschen, die mit dem Kopf denken

Eher unglückliche Menschen

18 — Alkohol-Abstinenzler

CDU-Wähler

Abitur/Fachhochschulreife

Sehr geringes Interesse an Mode

Teetrinker

Kein politisches Interesse

19 — Muslime

Basis: alle Befragten, n=2061 Erhebungszeitraum: 04.05.2017-13.05.2017

Das erste Mal

WILLST DU ES AUCH WIRKLICH?

Vor allem an Unis wird diskutiert, ob beide Beteiligten bei jeder „Eskalationsstufe" explizit zustimmen müssen.

„Eine eindeutige verbale Zustimmung sollte stets von beiden Partnern vorliegen, bevor es zu einer sexuellen Handlung kommt."

46%

42%

„Eine eindeutige verbale Zustimmung von beiden Partnern ist nicht immer nötig."

Bas s: alle Befragten, n=2062 Erhebungszeitraum: 20.04.2017-27.04.2017

WENN'S ZUR SACHE GEHT

Was passiert, wenn junge Menschen die erste sexuelle Erfahrung mit einem Partner machen?

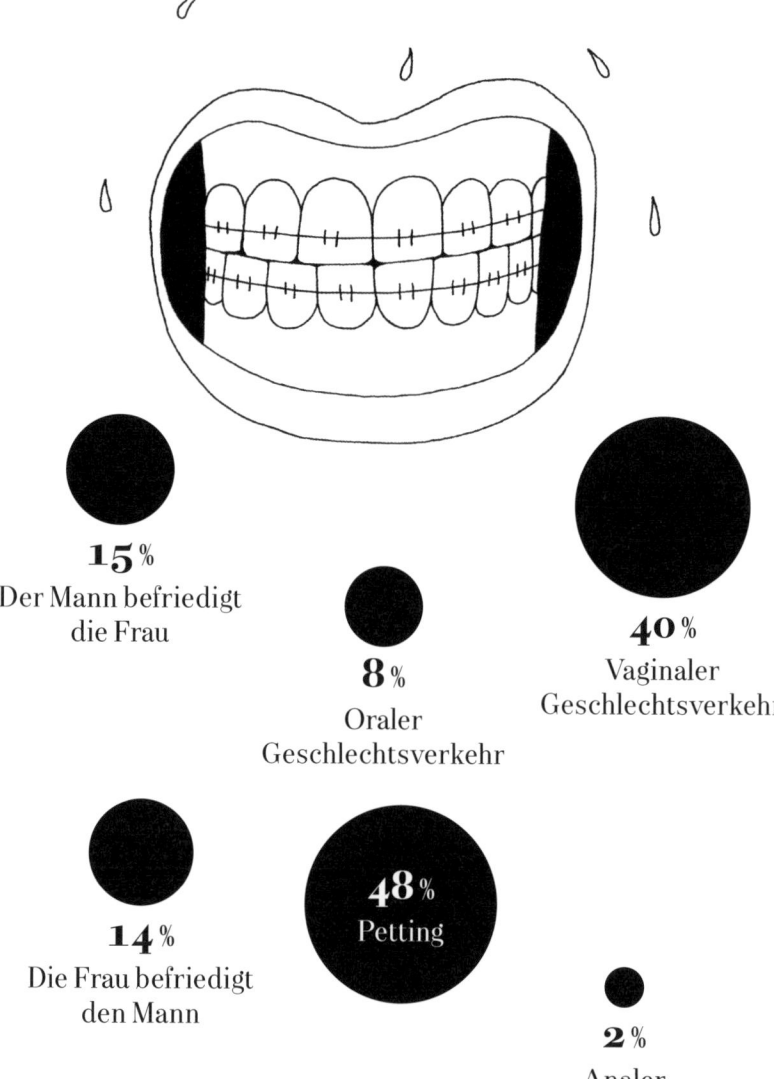

15% Der Mann befriedigt die Frau

8% Oraler Geschlechtsverkehr

40% Vaginaler Geschlechtsverkehr

14% Die Frau befriedigt den Mann

48% Petting

2% Analer Geschlechtsverkehr

Basis: alle Befragten, die bereits eine freiwillige sexuelle Erfahrung gemacht haben, n=1975 Erhebungszeitraum: 04.05.2017-13.05.2017

Das erste Mal

MÄDCHEN MÖGEN SEX MIT BINDUNG
Mit wem hatten Sie Ihre erste freiwillige sexuelle Erfahrung?

♂ | ♀

Fester Freund/feste Freundin

44% | **66%**

Freund oder Freundin ohne Bindung

29% | **17%**

Zufallsbekanntschaft

17% | **7%**

Bekantschaft aus dem Internet

2% | **1%**

ALTERSGEFÄLLE
*Als Sie das erste Mal Geschlechtsverkehr
hatten, wie alt war da Ihr Partner?*

	Älter	Jünger	Gleich alt
Mann	26%	30%	38%
Frau	65%	3%	25%

IM WIRBEL DER GEFÜHLE

*Das „erste Mal" kann sehr unterschiedliche Emotionen
auslösen. Bei Männern überwiegt das Positive.*

Befriedigung

34 %   8 %

Triumph

8 %   2 %

Überrascht,
dass es passiert ist

24 %   23 %

Ärger
über mich

5 %   6 %

Bedauern,
dass es vorbei war

18 %   4 %

Angst
vor Schwangerschaft

4 %   7 %

Vorfreude
auf das nächste Mal

34 %   12 %

Ärger
über den Partner

1 %   4 %

Basis: alle Befragten, die schon mal Sex hatten, n=1970 Erhebungszeitraum: 06.04.2017-12.04.2017

Glücks- gefühle

hatten 40 % der Männer, aber nur 18 % der Frauen.

Jede fünfte Frau empfand
Trauer,
dass es kein gutes
Erlebnis war

7 %  22 %

*Die jungen Frauen
(18-24) haben das
erste Mal in positiverer
Erinnerung als die
älteren: 27 % empfan-
den Glück, bei den über
55-Jährigen waren
es nur 16 %.*

SEX OHNE LIEBE

*Hatten Sie schon einmal Sex, ohne verliebt
zu sein? Bei Heterosexuellen ist es die Ausnahme,
bei Homosexuellen eher normal.*

Niemals!

sagen 35 % der Heterosexuellen und
21 % der Homosexuellen.

Ja, aber
nicht oft

sagen 55 % der Heterosexuellen und
32 % der Homosexuellen.

Meistens

sagen 8 % der Heterosexuellen und
45 % der Homosexuellen.

Interessanter Unterschied: **62** % der schwulen
Männer sagen „Ja, in den meisten Fällen", aber
nur **6** % der lesbischen Frauen!

Basis: alle Befragten, die schon mal Sex hatten, n=1970 Erhebungszeitraum: 06.04.2017–12.04.2017

FRAUEN SIND WÄHLERISCHER

Hatten Sie schon einmal Sex mit jemandem, den Sie eigentlich nicht anziehend fanden?

Basis: alle Befragten, die schon mal Sex hatten, n=1970 Erhebungszeitraum: 06.04.2017-12.04.2017; Basis: alle Befragten, die schon mal Sex mit jemandem hatten, der ihnen nicht gefallen hat, n=549 Erhebungszeitraum: 06.04.2017-12.04.2017

Männer

34 %

Frauen

22 %

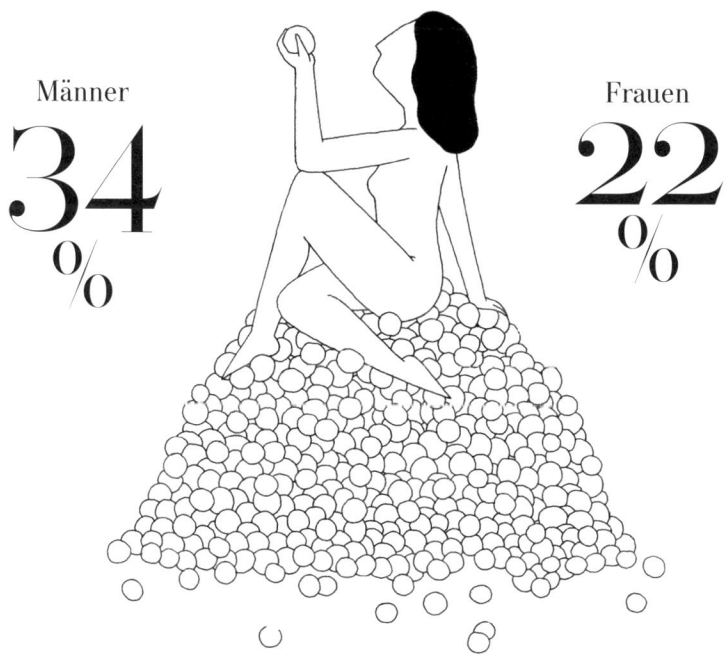

WENN JA, WAS WAR DER GRUND?

„Ich wollte unbedingt Sex haben."

45 % ♂ ♀ 15 %

„Ich stand unter dem Einfluss von Alkohol oder Drogen."

32 % ♂ ♀ 28 %

„Ich empfand Zuneigung zu demjenigen."

28 % ♂ ♀ 33 %

SCHWULE ATHEISTEN

Wie viele Sexpartner hatten Sie schon in Ihrem Leben? Die Zahl
variiert stark zwischen verschiedenen Bevölkerungsgruppen.

5

Gesamtbevölkerung

6	5		16	5
Männer	Frauen		Homo/ Bisexuell	Hetero- sexuell

6	4
Sehr starkes politisches Interesse	Geringes politisches Interesse

8	5		6	4
Geschieden	Verheiratet		Atheisten	Römisch- katholisch

An dieser Stelle verwenden wir den sogenannten Median: Er gibt die Zahl an, die die
Bevölkerung in zwei Hälften teilt – die eine Hälfte hat einen Wert angegeben, der kleiner ist
als der Median (oder gleich), bei der andere Hälfte ist der Wert größer oder gleich dem
Median. Das ist ein realistischerer Wert für den „typischen Deutschen" als der Durchschnitt,
der durch extrem große oder kleine Angaben verzerrt wird.

Basis: alle Befragten, n=2056 Erhebungszeitraum: 23.05.2017–30.05.2017

Das erste Mal

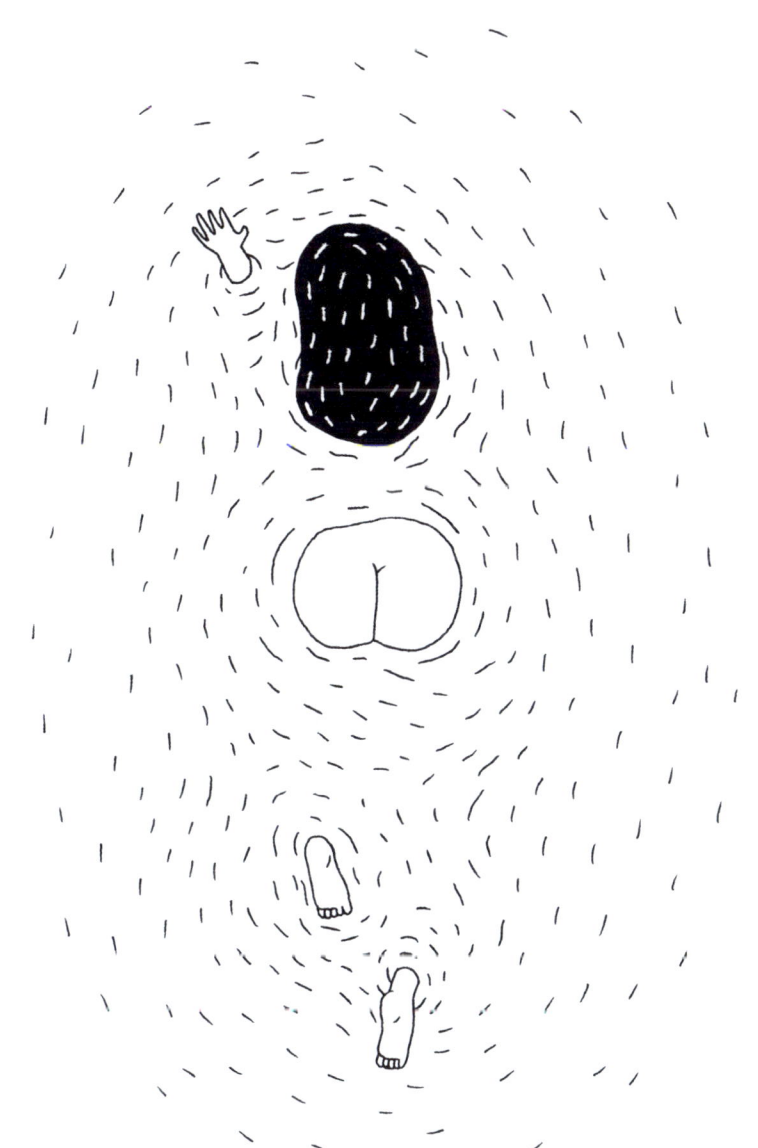

NUR FÜR EINE NACHT

Hatten Sie schon einmal einen One-Night-Stand? Da gibt es große Unterschiede zwischen Hetero- und Homosexuellen.

Mehrmals

♂♀ 28 % ⚣⚢ 59 %

Basis: alle Befragten, die schon mal Sex hatten, n=1970 Erhebungszeitraum: 06.04.2017–12.04.2017; Basis: alle Befragten, die schon mal einen One-Night-Stand hatten, n=1042 Erhebungszeitraum: 06.04.2017–12.04.2017

Einmal

♂♀ 26 % ⚥⚨ 12 %

Nein

♂♀ 44 % ⚥⚨ 29 %

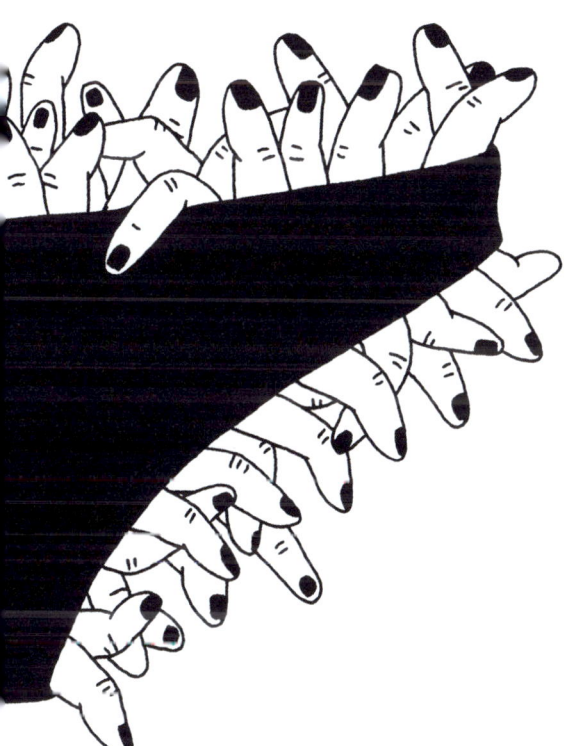

Warum ist nicht mehr
draus geworden?

65 % sagen: Weil ich kein
weiteres Interesse hatte.
26 % bedauern, dass der
Partner nicht mehr wollte.

SEX IM RAUSCH

Bauen Alkohol und Drogen Hemmungen ab oder erleichtern sie sogar die Anbahnung beim Sex? Mit dem Alter werden die Leute nüchterner.

27 %
18 - 24
Jahre

27 %
25 - 34
Jahre

23 %
35 - 44
Jahre

18 %
45 - 54
Jahre

12 %
Über 55
Jahre

18 %
Gesamt

WIE WAR NOCHMAL DER NAME?

42 %

erinnern sich an die Namen aller ihrer Sexpartner.

57 %

Alter macht vergesslich: Nur noch 37 % der Männer und 57 % der Frauen über 55 erinnern sich an die Namen aller ihrer Sexpartner.

Basis: alle Befragten, n=2104 Erhebungszeitraum: 06.04.2017-12.04.2017; Basis: alle Befragten, die schon mal Sex hatten, n=1970 Erhebungszeitraum: 06.04.2017-12.04.2017

Das erste Mal

FRAUEN ZÖGERN LÄNGER

Wie viel Zeit vergeht bei Ihnen im Durchschnitt zwischen dem Kennenlernen einer neuen Person und dem ersten Sex?

♂ | ♀

„Ich hatte meistens am ersten Tag des Kennenlernens Sex mit der Person."

17% | 7%

„Ich hatte meistens erst nach mehreren Treffen Sex mit der Person, auch ohne dass wir schon eine feste Beziehung hatten."

54% | 51%

„Ich hatte erst Sex mit der Person, nachdem wir eine feste Beziehung hatten."

18% | 31%

„Ich hatte erst Sex mit der Person, als wir verheiratet waren."

2% | 1%

Basis: alle Befragten, die schon mal Sex hatten, n=1970 Erhebungszeitraum: 06.04.2017 - 12.04.2017

Partnerschaft

Auch wenn die sexuelle Leidenschaft mit dem Alter der Beziehung nachlässt: Vier von fünf Menschen sagen, dass sie glücklich sind in ihrer Partnerschaft, und die meisten tauschen täglich Küsse aus. Die Menschen erwarten von ihrem Partner immer noch Treue, Seitensprünge werden nicht toleriert. Wenn sie selber fremdgehen, dann tun Männer das vor allem auf der Suche nach sexueller Abwechslung, während Frauen sich verlieben oder sich bestätigen lassen wollen. Für eine gelingende Beziehung spielt Sex eine untergeordnete Rolle: Vertrauen und Ehrlichkeit werden viel höher bewertet, und nur eine Minderheit sagt, dass unbefriedigender Sex für sie ein Trennungsgrund ist.

LIEBE IM GLEICHGEWICHT

Wie würden Sie Ihre aktuelle Liebesbeziehung
am ehesten beschreiben?

Basis: alle Befragten, die aktuell in einer Beziehung sind, n= 1328 Erhebungszeitraum: 23.05.2017–30.05.2017

72 %

„Wir lieben uns beide
in gleichem Maße."

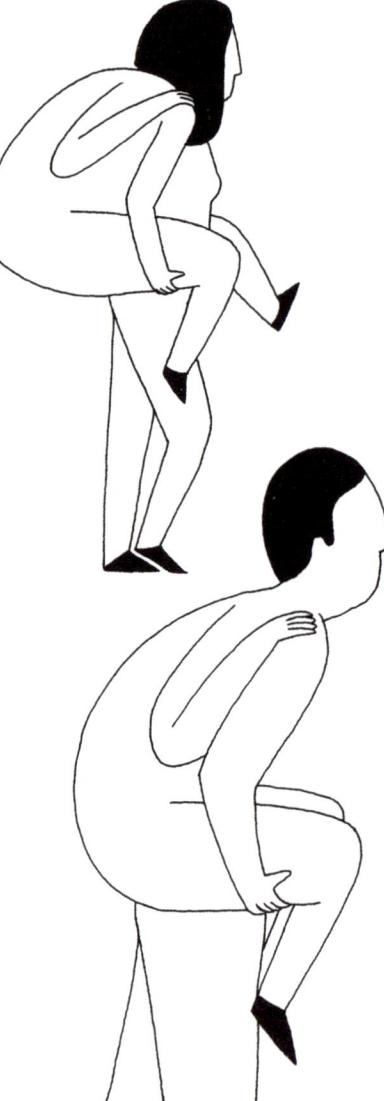

9 %

„Mein Partner /
meine Partnerin liebt mich
mehr als ich ihn / sie liebe."

8 %

„Ich liebe meinen Partner /
meine Partnerin mehr als
er / sie mich liebt."

Partnerschaft

In **65%** der heterosexuellen Beziehungen ist der Mann älter als die Frau, in 19% sind die Partner etwa gleich alt.

Basis: alle Befragten, die aktuell in einer Beziehung sind, n=1328 Erhebungszeitraum: 23.05.2017-30.05.2017

Partnerschaft

Der durchschnittliche Altersunterschied in Beziehungen beträgt 5,8 Jahre.

SCHÖNHEIT UND KLUGHEIT

Müssen Frauen eher gut aussehen und Männer schlau sein?
Ein wenig wird das Klischee bestätigt.

54%

der Männer finden ihre Partnerin attraktiver als sich selbst – bei den Frauen beträgt der Wert nur

40%.

28% der Frauen finden ihren Partner gebildeter als sich selbst – bei den Männern sind es nur 20%.

Sich selbst geben die Deutschen sehr gute Noten: Auf einer Skala von 1 bis 10 schätzen sie sich als ziemlich attraktiv (7,4) und gebildet (8,4) ein.

Basis: alle Befragten, die aktuell in eine Beziehung sind, n=1328 Erhebungszeitraum: 23.05.2017-30.05.2017

71%

der Männer finden ihre Partnerin sexuell attraktiv. Nur 58% der Frauen sagen das über ihren Partner.

Basis: alle Befragten, die aktuell in einer Beziehung sind, n=1328 Erhebungszeitraum: 23.05.2017–30.05.2017

Partnerschaft

SINGLE AUS ÜBERZEUGUNG?

Die meisten allein lebenden Menschen hätten doch lieber eine Beziehung – vor allem die Männer.

„Ich würde gern in einer festen Partnerschaft leben."

70%   **55%**

„Ich würde gern mit einem Partner alt werden."

76%   **67%**

„Es macht mich manchmal unglücklich, dass ich nicht in einer festen Partnerschaft lebe."

55%   **46%**

„Ich brauche keine feste Partnerschaft, um glücklich zu sein."

49%   **62%**

„Ich bin sehr gerne alleine."

42%   **59%**

Basis: alle Befragten, die aktuell nicht in einer Beziehung sind, n=708 Erhebungszeitraum: 23.05.2017–30.05.2017

HARMONIE ALLÜBERALL
Nur eine Minderheit der Menschen in Beziehungen träumt
manchmal davon, wieder allein zu sein.

„Mein Partner / meine Partnerin ist die Liebe meines Lebens."
72 %

„Ich gehe davon aus, dass wir für immer zusammen bleiben werden."
76 %

„Manchmal bedaure ich Singles, weil sie alleine leben."
48 %

„Manchmal ertappe ich mich dabei, dass ich mir ein Leben ohne meinen Partner / meine Partnerin ausmale."
29 %

„Manchmal beneide ich Singles, weil sie nicht in einer Partnerschaft leben."
27 %

Basis: alle Befragten, die aktuell in einer Beziehung sind, n=1328 Erhebungszeitraum: 23.05.2017-30.05.2017

Partnerschaft

„Ich bin glücklich in meiner Beziehung." 81%

MÄNNER WOLLEN MEHR SEX

*40 % der Männer würden gern mehr Sex haben –
25 % der Partnerinnen wissen das.*

„Ich hätte gerne häufiger Sex mit meinem Partner."

♂ 40 %   ♀ 19 %

„Mein Partner möchte gerne häufiger Sex als ich."

♂ 10 %   ♀ 25 %

MÄNNER ERGREIFEN DIE INITIATIVE

44 % der Männer und **31** % der Frauen in
heterosexuellen Beziehungen sagen, dass die Initiative
zum Sex vom Mann ausgeht, **10** % bzw. **12** % sagen,
dass sie von der Frau ausgeht.

WENN DER TRIEB NACHLÄSST

Bis zum fünften Jahr der Beziehung sagt noch ein Viertel, dass die Leidenschaft zugenommen hat – danach geht's mit der Lust bergab.

Basis: alle Befragten, die aktuell in einer Beziehung sind, n=1328 Erhebungszeitraum: 23.05.2017-30.05.2017

Die sexuelle Leidenschaft ist intensiver geworden		Die sexuelle Leidenschaft hat nachgelassen
23 %	Bis zu 1 Jahr	24 %
25 %	1 bis unter 2 Jahre	28 %
29 %	2 bis unter 3 Jahre	32 %
26 %	3 bis unter 5 Jahre	43 %
15 %	5 bis unter 10 Jahre	53 %
11 %	10 bis unter 20 Jahre	55 %
8 %	Mehr als 20 Jahre	66 %

ZEIT MACHT LUST

*Was unternehmen Sie gemeinsam mit Ihrem Partner/
Ihrer Partnerin, um den Sex positiv zu beeinflussen?*

„Wir tauschen uns über unsere sexuellen
Vorlieben und Bedürfnisse aus."

 28 %

„Wir überraschen uns gegenseitig mit kleinen
Geschenken, Aufmerksamkeiten etc."

 22 %

„Wir benutzen Sexspielzeug."

 18 %

„Wir suchen uns über pornografische Filme oder
Bücher gemeinsam neue Anregungen."

9 %

„Wir verabreden uns bewusst zum Sex."

 9 %

„Wir binden Rollenspiele in den Sex ein."

 7 %

„Wir besuchen Kurse und Seminare, z.B. zu
Partner-Massage oder Tantra-Praktiken."

1 %

Basis: alle Befragten, die aktuell in einer Beziehung sind, n=1328 Erhebungszeitraum: 23.05.2017-30.05.2017

Partnerschaft

„Wir verbringen bewusst Zeit zusammen."

 48%

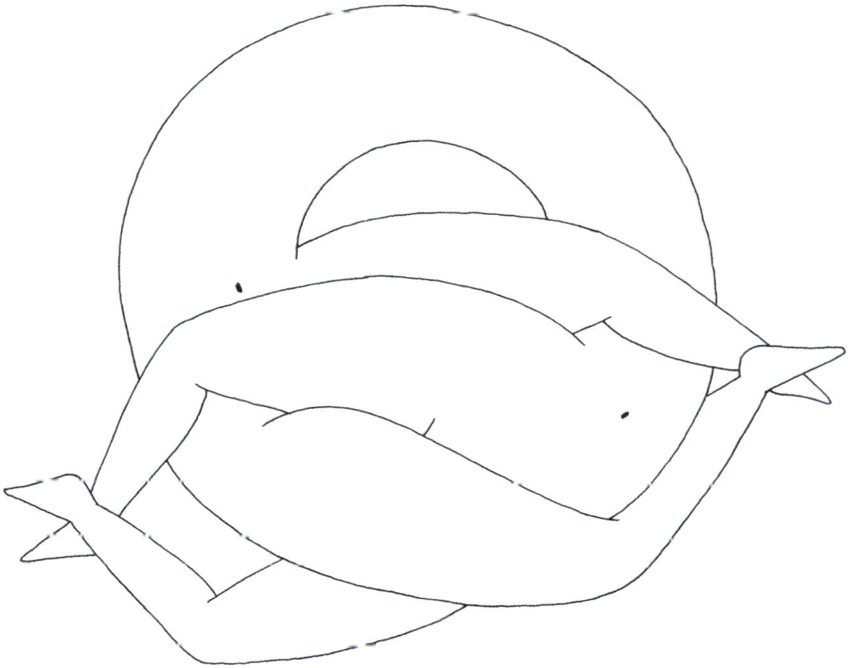

JEDEN TAG ZÄRTLICHKEIT

*Anteil der Menschen, die täglich die genannte
Form von Intimität austauscht.*

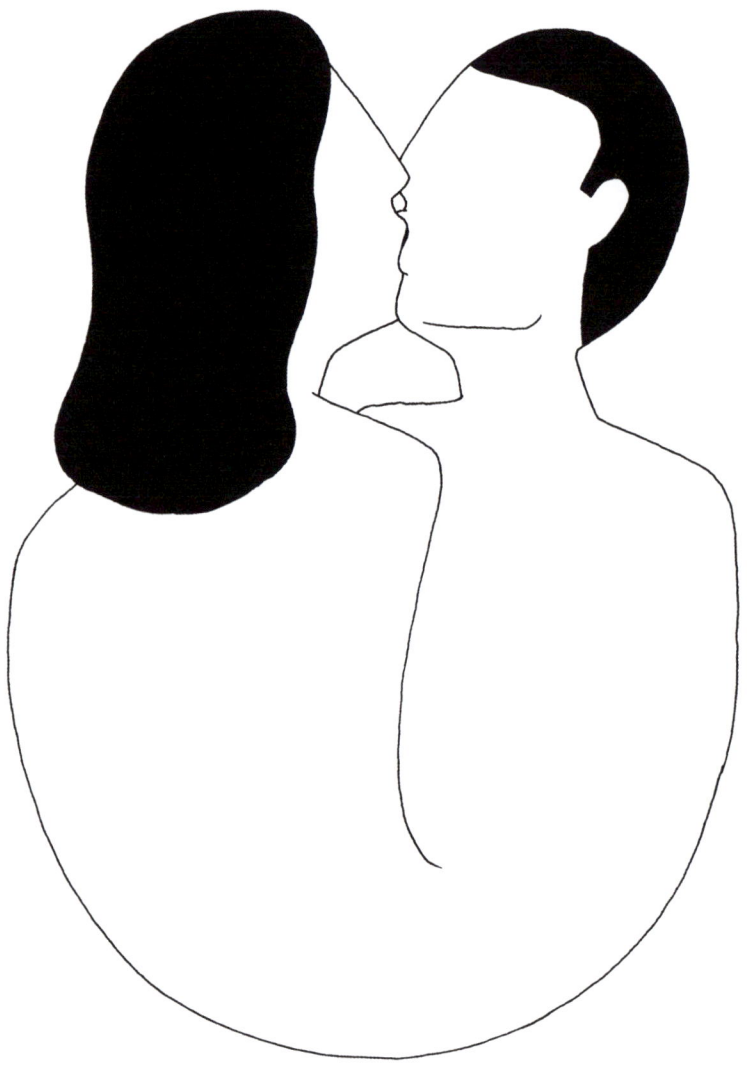

Basis: alle Befragten, die aktuell in einer Beziehung sind., n=1328 Erhebungszeitraum: 23.05.2017-30.05.2017

35
%
KUSCHELN

39
%
STREICHELN

57
%
UMARMEN

60
%
KUSSEN

HEIKLE THEMEN

Wir können über alles reden? Über bestimmte Themen
spricht man dann aber doch eher ungern.

Seitensprünge /
Affären in
der aktuellen
Beziehung

30%

Frühere
Beziehungen

21%

Geldprobleme

12%

Verletzung der
Privatsphäre (z.B.
im Handy oder
Computer spionieren)

24%

Pornografiekonsum

31%

(Jugend-) Sünden
(z.B. Verbrechen,
Vorstrafen)

20%

Aktuelle oder
frühere Sucht-/
Drogenprobleme

23%

Selbst-
befriedigung

28%

Basis: alle Befragten, die aktuell in einer Beziehung sind, n=1328 Erhebungszeitraum: 23.05.2017-30.05.2017

Seitensprünge /
Affären in
einer früheren
Beziehung

33%⟩

Sexuelle
Fantasien mit
anderen Personen

39%⟩

Sex in anderen
Beziehungen

40%⟩

Erfahrungen mit
bestimmten sexuellen
Praktiken

24%⟩

Menschen, die man
besonders sexuell
attraktiv findet

27%⟩

Sexuelle
Erwartungen an
den anderen

17%⟩

Sexuelle
Wünsche

14%⟩

Flirts mit
anderen
Menschen

28%⟩

WIRKLICH KEINE GEHEIMNISSE?
Nur auf den ersten Blick ein Widerspruch: Man hält nichts bewusst geheim, möchte aber seine eigene Intimsphäre haben.

„Wir haben keine Geheimnisse voreinander."

Partnerschaft

„Ich lege Wert auf meine

Privatsphäre

(Handy, Computer,
Tagebuch etc.).“
63 %

„Es kommt schon mal
vor, dass ich aus

Neugierde

die Privatsphäre meines
Partners / meiner Partnerin
verletze (persönliche SMS /
E-Mails lesen etc.).“
20 %

*Am neugierigsten sind die Frauen zwischen
25 und 34: 44 % von ihnen schnüffeln in der
Privatsphäre ihres Partners.*

Basis: alle Befragten, die aktuell in einer Beziehung sind, n=1328 Erhebungszeitraum: 23.05.2017–30.05.2017

DIE WAHRHEIT UND NICHTS ALS DIE WAHRHEIT

Sollten Menschen in einer Partnerschaft immer absolut ehrlich sein?

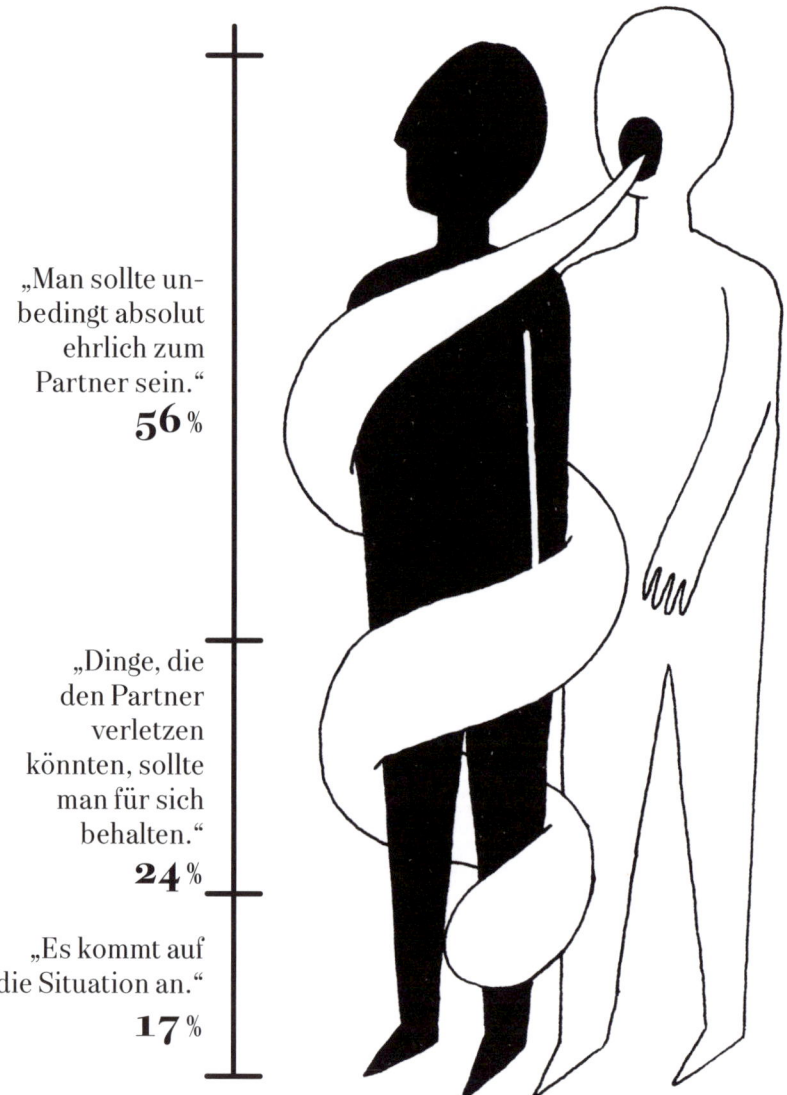

„Man sollte un-
bedingt absolut
ehrlich zum
Partner sein."
56%

„Dinge, die
den Partner
verletzen
könnten, sollte
man für sich
behalten."
24%

„Es kommt auf
die Situation an."
17%

Basis: alle Befragten, n=2056 Erhebungszeitraum: 23.05.2017–30.05.2017

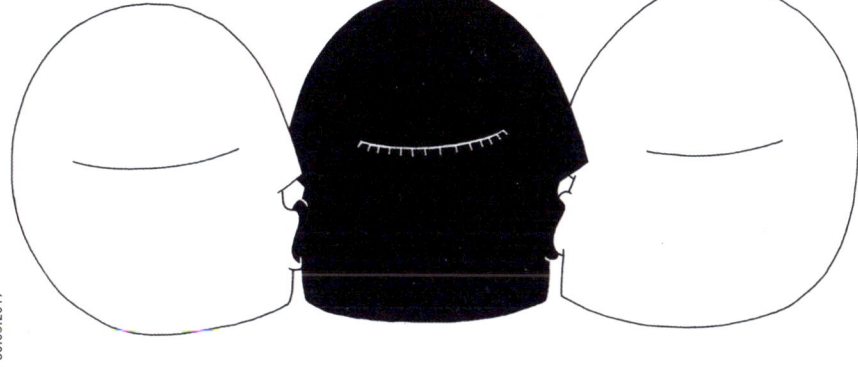

Basis: alle Befragten, die aktuell in einer Beziehung sind oder es einmal waren, n=1901 Erhebungszeitraum: 23.05.2017–30.05.2017

3⁄4 %

sind schon einmal fremdgegangen.

KEINE FREIE LIEBE

Zwei Drittel der Deutschen verlangen absolute Treue.

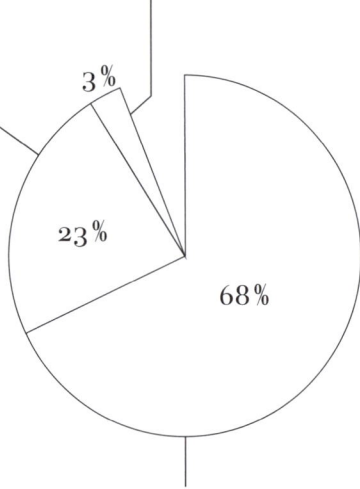

„Wir sind einander grund-
sätzlich treu, Ausnahmen
bestätigen die Regel."

„Jeder von uns ist frei, auch
außerhalb der Beziehung
sexuelle Kontakte zu haben."

3 %

23 %

68 %

„Wenn einer von uns
außerhalb der Beziehung
sexuellen Kontakt hätte,
dann wäre das eine ernst-
hafte Krise der Beziehung."

Basis: alle Befragten, die aktuell in einer Beziehung sind, n=1328 Erhebungszeitraum: 23.05.2017-30.05.2017

Partnerschaft

MÄNNER SUCHEN SEX, FRAUEN LIEBE

*Nach den Gründen für einen Seitensprung gefragt, geben die
Geschlechter sehr unterschiedliche Antworten.*

1. Ich hatte Lust auf neue sexuelle Erfahrungen.
2. Ich hatte zu wenig Sex mit meinem Partner /
   meiner Partnerin.
3. Der Sex zwischen meinem Partner /
   meiner Partnerin und mir war langweilig geworden.
4. Ich wollte Bestätigung dafür
   bekommen, dass ich noch attraktiv bin.
5. Ich hatte mich in diejenige verliebt.
6. Ich fühlte mich in meiner Beziehung überfordert.
7. Ich wollte mich an meinem Partner /
   meiner Partnerin rächen.

1. Ich hatte mich in denjenigen verliebt.
2. Ich wollte Bestätigung dafür
   bekommen, dass ich noch attraktiv bin.
3. Ich hatte Lust auf neue sexuelle Erfahrungen.
4. Der Sex zwischen meinem Partner /
   meiner Partnerin und mir war langweilig geworden.
5. Ich hatte zu wenig Sex mit meinem Partner /
   meiner Partnerin.
6. Ich wollte mich an meinem Partner /
   meiner Partnerin rächen.
7. Ich fühlte mich in meiner Beziehung überfordert.

Basis: alle Befragten, die fremd gegangen sind, n=656 Erhebungszeitraum: 23.05.2017–30.05.2017

MEIN PARTNER? NIEMALS!

*Hatte Ihr Partner / Ihre Partnerin in Ihrer aktuellen Beziehung -
soweit Sie wissen - schon einmal einen Seitensprung?*

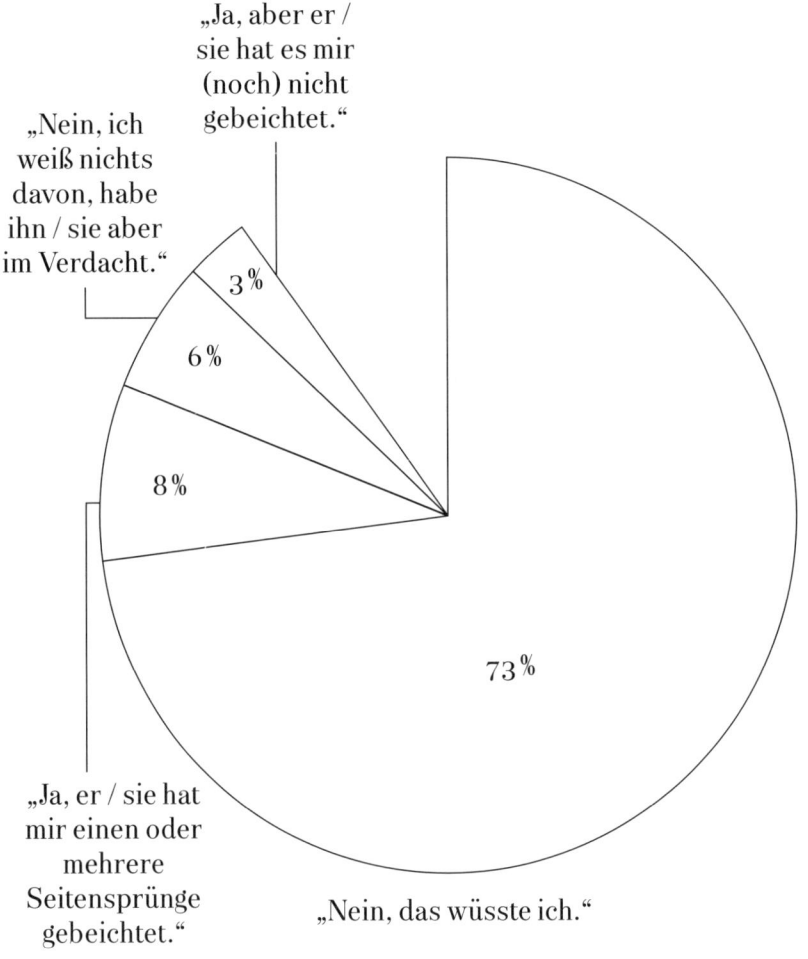

„Ja, aber er /
sie hat es mir
(noch) nicht
gebeichtet."

„Nein, ich
weiß nichts
davon, habe
ihn / sie aber
im Verdacht."

3%

6%

8%

73%

„Ja, er / sie hat
mir einen oder
mehrere
Seitensprünge
gebeichtet."

„Nein, das wüsste ich."

Basis: alle Befragten, die aktuell in einer Beziehung sind, n=1328 Erhebungszeitraum: 23.05.2017-30.05.2017

Partnerschaft

40 %

von denen, die
schon einmal
fremdgegangen
sind, haben ihren
Seitensprung
zumindest
manchmal
dem Partner
gebeichtet.
(14% sagen: nicht immer!)

Basis: alle Befragten, die fremc gegangen sind, n=656 Erhebungszeitraum: 23.05.2017-30.05.2017

AUF ABWEGEN

Fängt der Betrug erst an, wenn der Partner mit jemand anderem schläft? Oder schon früher?

„Betrug ist erst, wenn man mit einer anderen Person Sex hat", sagen

39%

der Männer und

34%

der Frauen.

Für **23**% der Frauen fängt der Betrug schon beim Fremdküssen an (Männer: 17%).

Basis: alle Befragten, n=2056 Erhebungszeitraum: 23.05.2017-30.05.2017

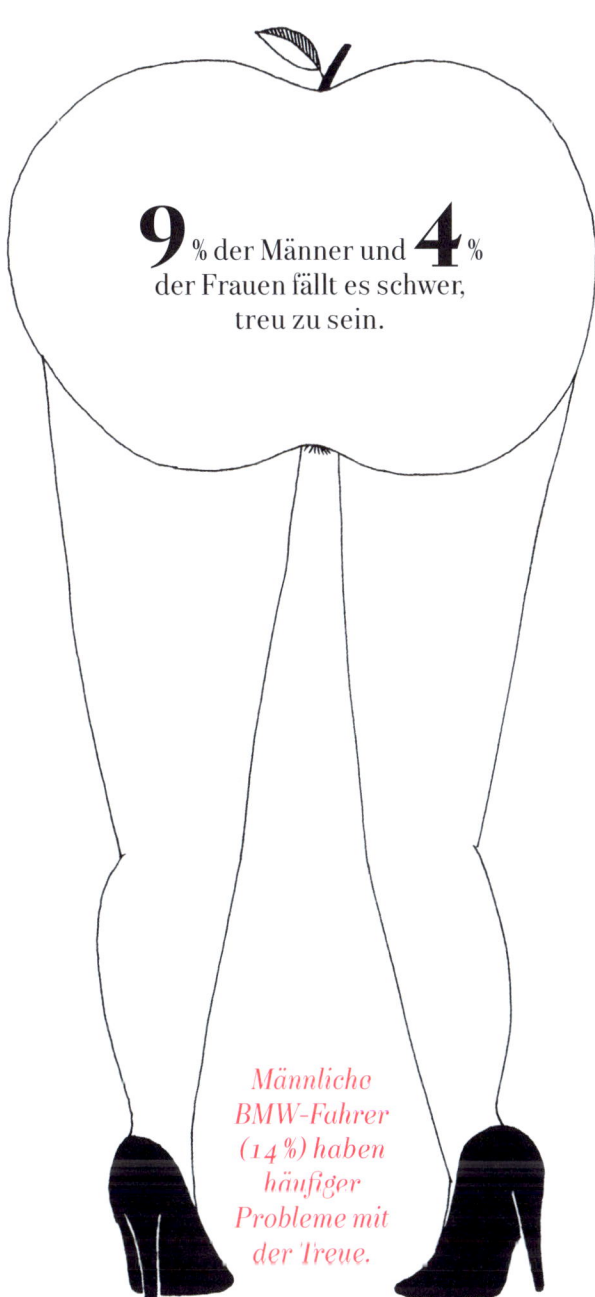

9% der Männer und **4**% der Frauen fällt es schwer, treu zu sein.

Männliche BMW-Fahrer (14%) haben häufiger Probleme mit der Treue.

Basis: alle Befragten, die aktuell in einer Beziehung sind oder es einmal waren, n=1901 Erhebungszeitraum: 23.05.2017–30.05.2017

ENTFERNTE LIEBE

Fernbeziehungen bringen Probleme mit sich –
aber manche schätzen auch die Distanz.

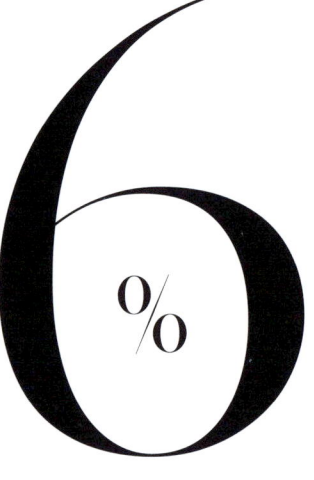

6 % führen
zurzeit eine
Fernbeziehung
innerhalb
Deutschlands.

Basis: alle Befragten, die aktuell in einer Beziehung sind oder es einmal waren, n=1901 Erhebungszeitraum: 23.05.2017-30.05.2017

3 % führen zurzeit eine Fernbeziehung mit jemandem, der außerhalb von Deutschland wohnt.

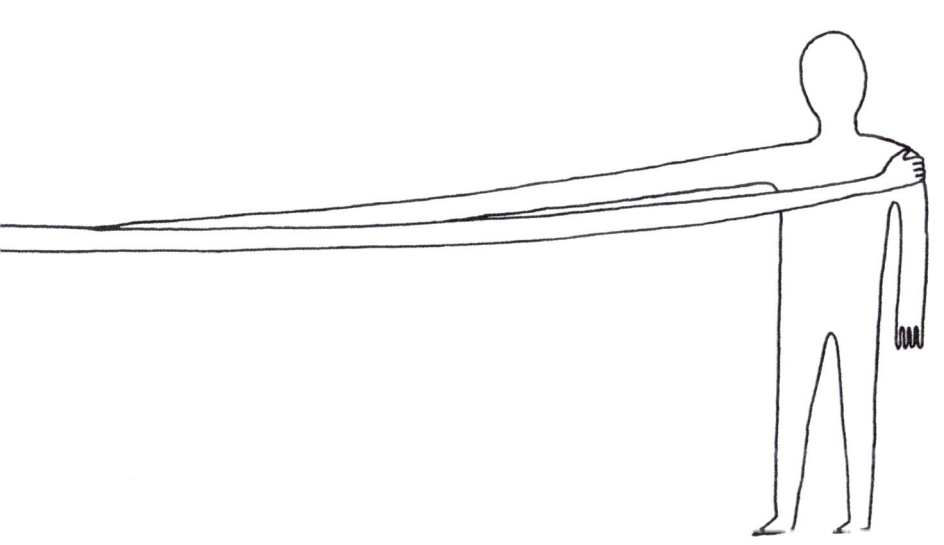

Fernbe

Probleme

1. „Wir können den Alltag nicht zusammen verbringen." 58 %

2. „Mein Partner / meine Partnerin ist nicht greifbar, wenn ich ihn / sie brauche." 55 %

3. „Wir haben zu wenig Zeit miteinander verbracht." 54 %

4. „Wir können zu wenige gemeinsame Aktivitäten unternehmen." 51 %

5. „Wir können die Probleme des Alltags nicht miteinander teilen." 41 %

6. „Wir haben zu selten Sex." 39 %

6. „Wir müssen viel reisen." 39 %

7. „Wir kommunizieren nicht regelmäßig genug." 26 %

8. „Wir konnten gemeinsame Projekte nicht voranbringen." 21 %

9. „Wir haben kaum gemeinsame Freunde." 20 %

10. „Wir haben Probleme mit der Treue." 12 %

11. „Wir haben nur wenig Kontrolle über den anderen." 11 %

Basis: alle Befragten, die aktuell in einer Fernbeziehung sind oder es einmal waren, n=644 Erhebungszeitraum: 23.05.2017–30.05.2017

Partnerschaft

ziehung

Vorteile

1. „Das Zusammensein ist immer etwas Besonderes."

 55 %

2. „Ich habe mehr Zeit und Freiraum für mich selbst."

 49 %

3. „Man ist den täglichen Launen des anderen nicht ständig ausgesetzt."

 33 %

4. „Man muss sich weniger mit dem Partner/der Partnerin auseinandersetzen."

 14 %

5. „Der andere hat weniger Kontrolle über einen selbst."

 13 %

6. „Man kann einfacher mit anderen Männern/Frauen flirten."

 9 %

7. „Seitensprünge lassen sich besser verheimlichen."

 6 %

ES GEHT AUCH OHNE SEX

*Wäre ein unbefriedigtes Sexualleben für Sie ein Grund,
eine Beziehung zu beenden?*

Nein

sagen 63% der Befragten.

Basis: alle Befragten, n=2056 Erhebungszeitraum: 23.05.2017–30.05.2017

Partnerschaft

DER SCHLÜSSEL ZUM GLÜCK
Was ist wichtig, damit eine Beziehung lange währt?
Sex rangiert nur auf Platz 10.

1. Vertrauen 83%

2. Miteinander reden können 81%

3. Ehrlichkeit 75%

4. Liebe 74%

5. Treue 70%

6. Kompromisse eingehen zu können 69%

7. Den anderen verstehen 63%

8. Zärtlichkeit 59%

9. Gemeinsame Ziele 54%

10. Guter Sex 48%

11. Gleiche Interessen 41%

12. Ähnlicher Charakter 22%

13. Gemeinsamer Freundeskreis 20%

31%

sind für eine

„Ehe auf Probe",

die nach einer gewissen Zeit automatisch ausläuft, wenn sie nicht von beiden Partnern verlängert wird.

„Ich finde die Ehe
noch zeitgemäß."
60 %

„Die Ehe ist überholt. Menschen
sind nicht dazu veranlagt, über
längere Zeit mit einem Partner
zusammen zu leben."
22 %

„Menschen mit ständig
wechselnden Partnern
sind mir suspekt."
57 %

Basis: alle Befragten, n=2056 Erhebungszeitraum: 23.05.2017-30.05.2017

6.
Sex konkret

Schauen wir ins deutsche
Schlafzimmer: Was geht dort ab?
Welche Stellungen und Praktiken werden
ausprobiert? Wer kommt zu früh zum
Orgasmus, wer zu spät oder gar nicht?
Hält die Erektion? Macht der Partner das
Richtige? Wie lange dauert das Vorspiel,
wie lange der Geschlechtsakt?
Und wie häufig findet das Ganze statt?
Wer das jetzt alles sehr technisch
oder gar stressig findet, der sei beruhigt:
71% der Menschen sind zufrieden mit
ihrem Sexleben.

ALLES PRIMA!

Wie zufrieden sind Sie insgesamt mit Ihrem derzeitigen Sexleben?

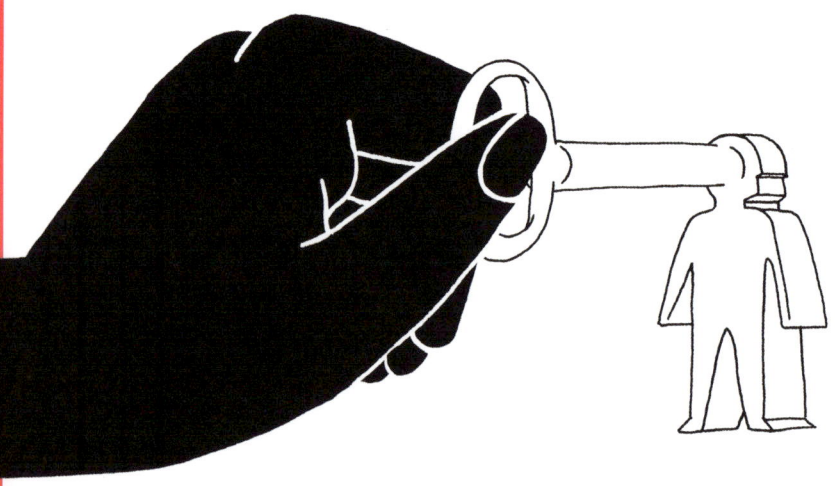

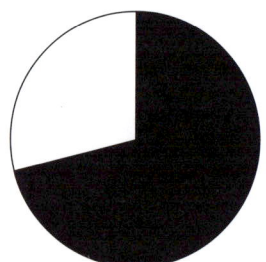

71 %
der Menschen in einer
Beziehung sind mindestens
zufrieden mit ihrem Sexleben.

30 %
sind sogar
„äußerst" oder
„sehr" zufrieden.

Basis: alle Befragten, n=2036 Erhebungszeitraum: 01.06.2017–08.06.2017

Sex konkret

86%
Zufriedenheit im
ersten Jahr der
Beziehung ...

67%
... und nach mehr
als 10 Jahren des
Zusammenseins.

44%
der Singles sind
zufrieden mit ihrem
Sexleben.

SEXFREQUENZ

Schätzen Sie einmal: Wie häufig im Monat haben Sie in etwa Sex mit einem Sexualpartner?

10x Sex

und mehr im Monat haben 53 % im ersten Jahr einer Beziehung. Nach 20 Jahren sind es nur noch 15 %.

6 % der Paare haben überhaupt keinen Sex.

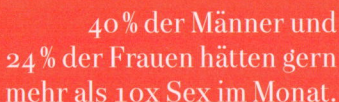

40 % der Männer und 24 % der Frauen hätten gern mehr als 10x Sex im Monat.

Bei den über 55-Jährigen sind es immer noch 31 bzw. 14 %.

Basis: alle Befragten in einer Beziehung, n=1385 Erhebungszeitraum: 01.06.2017-08.06.2017

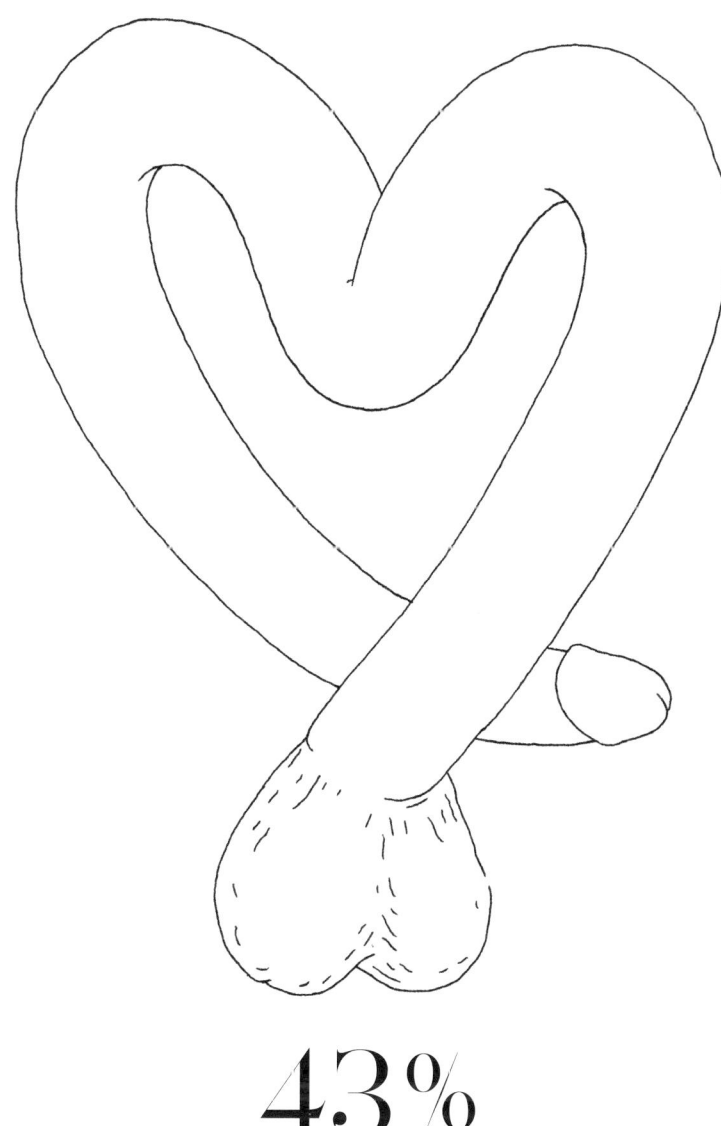

Basis: alle Befragten, n=2036 Erhebungszeitraum: 01.06.2017–08.06.2017

43%

der Männer und 22% der Frauen finden
Sex mindestens sehr wichtig in ihrem Leben.

Sex konkret

HOCH, HÖHER, HÖHEPUNKT!
Wie oft kommen Sie beim Sex mit einem
Sexualpartner zum Orgasmus?

„Immer!"

59
%
MANN

21
%
FRAU

Basis: alle Befragten, die schon Sex hatten, n=1945 Erhebungszeitraum: 01.06.2017–08.06.2017

Sex konkret

KÖNNTE ÖFTER SEIN

Finden Sie diese Orgasmushäufigkeit ausreichend?

„Ich bin zufrieden."

81 %   64 %

SELBER SCHULD?

Wenn Frauen beim Sex keinen Orgasmus bekommen,
woran liegt das normalerweise?

„Ich bin innerlich blockiert."

„Mein Partner macht nicht die richtigen Dinge."

„Mein Partner nimmt sich nicht genügend Zeit."

36 %   25 %   20 %

Basis: alle Befragten, die schon Sex hatten, n=1945 Erhebungszeitraum: 01.06.2017–08.06.2017;
Basis: alle Befragten, die nicht (immer) zum Höhepunkt kommen, n=1188 Erhebungszeitraum: 01.06.2017–08.06.2017

DER BESTE WEG ZUM GIPFEL

*Wie kommen Sie am einfachsten zum Orgasmus? Weniger als
ein Drittel der Frauen nennt den klassischen Geschlechtsverkehr.*

Durch Geschlechtsverkehr bzw. Penetration

60 % ♂ ♀ 27 %

Durch die
Stimulierung per Hand

19 % ♂ ♀ 34 %

Durch orale
Stimulierung

11 % ♂ ♀ 14 %

Stimulierung mit
Sexspielzeugen wie
Vibratoren

1 % ♂ ♀ 9 %

Basis: alle Befragten, die zum Orgasmus kommen, n=1873 Erhebungszeitraum: 01.06.2017–08.06.2017

33% der Frauen täuschen den
Orgasmus
zumindestens ab und zu vor.

*Westfrauen haben öfter schon
einmal einen Orgasmus vorgetäuscht
(35%) als Ostfrauen (27%).*

DIE HAUPTGRÜNDE DAFÜR:

„Weil ich meinem
Partner zeigen will,
dass es mir gefällt."

45%

„Weil ich selbst zu müde
für weiteren Sex bin."

30%

„Mein Partner glaubt,
dass Sex für mich nur
befriedigend ist, wenn ich
einen Orgasmus bekomme."

27%

„Damit der Partner aufhört,
mich weiter zu stimulieren."

22%

Basis: alle Befragten, die schon Sex hatten, n=1945 Erhebungszeitraum: 01.06.2017-08.06.2017; Basis: alle Befragten, die schon Sex hatten und einen Orgasmus vorgetäuscht haben, n=403 Erhebungszeitraum: 01.06.2017-08.06.2017

36%

der Männer glauben, dass ihre Partnerin ihnen schon einmal einen Orgasmus vorgetäuscht hat.

ORGASMUS(S) NICHT

Ist Sex für Sie nur befriedigend, wenn Sie einen Orgasmus bekommen?

„Ja"

34 %   19 %

Eosii: alle Befragten, die schor Sex hatten, n=1945 Erhebungszeitraum: 01.06.2017-08.06.2017

45%

kommen spätestens nach
10 Minuten Vorspiel zur Sache.

61%

von ihnen finden das
völlig ausreichend.

SINNLICHES VIERTELSTÜNDCHEN

*Wie lange dauert der Sex mit einem Sexualpartner
bei Ihnen im Durchschnitt?*

Nach

15
Minuten

ist bei 41 %
der Menschen der
Sex vorbei.

53 % von ihnen finden
das auch völlig
ausreichend.

*Bei Mercedes-
Fahrern wollen 24 %
Sex, der länger als
30 Minuten dauert,
unter den VW-
Fahrern nur 13 %.*

Basis: alle Befragten, die schon Sex hatten, n=1945 Erhebungszeitraum: 01.06.2017–08.06.2017

Ups...

...schon vorbei!?

49%

der Männer kommen
zumindest manchmal
zu früh.

35%

der Frauen kommen
zumindest manchmal
langsam oder gar nicht.

Sex konkret

MÄNNER SIND KEINE MISSIONARE
Was sind Ihre liebsten Stellungen und Praktiken?

Männer

1. Frau auf dem Mann
2. „Doggy-Style" (von hinten)
3. Missionarsstellung
4. Orale Befriedigung
5. Gegenseitig manuell stimulieren
6. Löffelposition
7. Anal
8. Sitzend
9. Stehend

Frauen

1. Missionarsstellung
2. Frau auf dem Mann
3. „Doggy-Style" (von hinten)
4. Orale Befriedigung
5. Gegenseitig manuell stimulieren
6. Löffelposition
7. Sitzend
8. Stehend
9. Anal

Basis: alle Befragten, die schon Sex hatten, n=1945 Erhebungszeitraum: 01.06.2017–08.06.2017

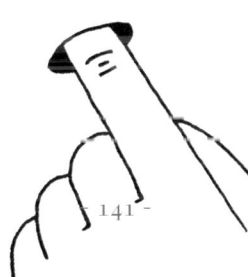

MAL WAS ANDERES!

Welche dieser sexuellen Praktiken haben
Sie schon einmal ausprobiert?

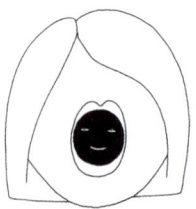

Oraler Geschlechtsverkehr
82%

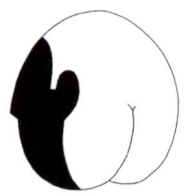

Analer Geschlechtsverkehr
40%

Rollenspiele
17%

„Flotter Dreier"
16%

SM und
Fesselspiele
14%

Fetisch-Spiele
11%

Gruppensex
7%

Partnertausch
(„Swinging")
6%

Basis: alle Befragte, die schon mindestens eine Form von Geschlechtsverkehr hatten, n=1756 Erhebungszeitraum: 14.07.2017-17.07.2017

Basis: alle Männer, die schon Sex hatten, n=932 Erhebungszeitraum: 01.06.2017-08.06.2017; Basis: alle Frauen, die schon Sex hatten, n=1013 Erhebungszeitraum: 01.06.2017-08.06.2017

*Fleisch und Fisch essende
Männer können sich eher auf ihre
Erektion verlassen als Veganer
und Vegetarier (56 % zu 41 %).*

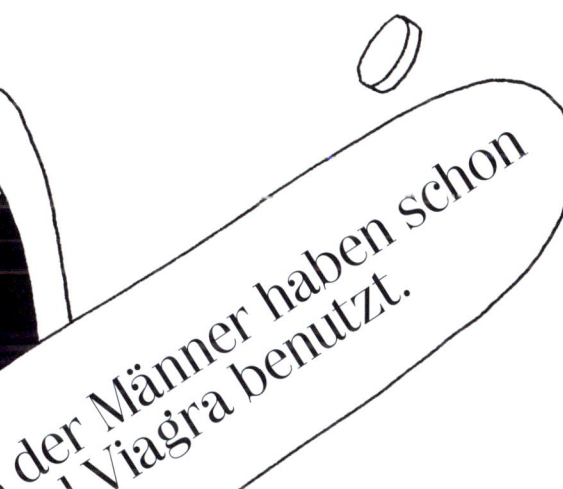

17 % der Männer haben schon
einmal Viagra benutzt.

53 % der Männer können sich
darauf verlassen, dass sie beim
Sex eine Erektion bekommen.
Bei 32 % klappt es nicht immer,
aber meistens.

49 % der Frauen können sich
darauf verlassen, beim Sex feucht
zu werden, bei 33 % klappt es
zumindest meistens.

SPIELTRIEB

Wie häufig benutzen Sie Sexspielzeug,
wenn Sie Sex haben?

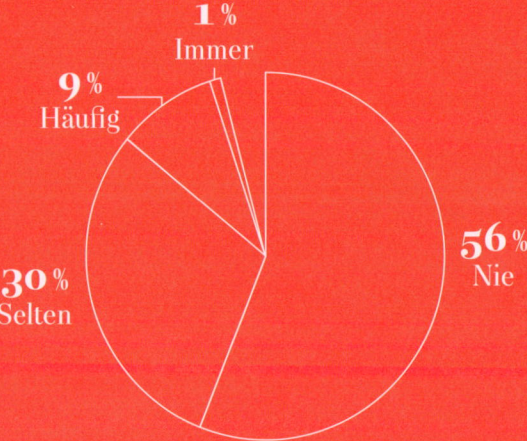

1%
Immer

9%
Häufig

30%
Selten

56%
Nie

Basis: alle Befragten, die schon Sex hatten, n=1945 Erhebungszeitraum: 01.06.2017–08.06.2017

„Der Penis
eines Mannes sollte für
befriedigenden Sex
möglichst groß sein."

♂ 25 % ♀ 22 %

„Die Vagina
einer Frau sollte für
befriedigenden Sex
möglichst eng sein."

♂ 45 % ♀ 32 %

Sex im Kopf

Man braucht nicht immer einen Partner, um Sex zu haben. Schon in frühen Jahren lernen die Menschen, dass man auch allein zum Höhepunkt kommen kann. Angeregt durch Gedanken, Träume, Fantasien – oder konkrete Vorlagen, die man (vor allem: Mann) im Internet findet. Männer denken öfter an Sex als Frauen, zwar nicht alle sieben Sekunden, wie der Volksmund behauptet, aber doch fast täglich. Man fantasiert von Praktiken, die man im richtigen Leben nicht unbedingt umsetzt, aber das ist kein Grund zur Scham: Nur eine winzige Minderheit ist von den eigenen Fantasien schockiert, die meisten empfinden sie als eine genussvolle Bereicherung ihres Lebens.

Jungen befriedigen
sich zum ersten Mal
selbst mit

13,9

Jahren,
Mädchen mit

16,7.

Basis: alle Befragten, nn=1326 (bereinigt) Erhebungszeitraum: 01.06.2017-08.06.2017

Sex im Kopf

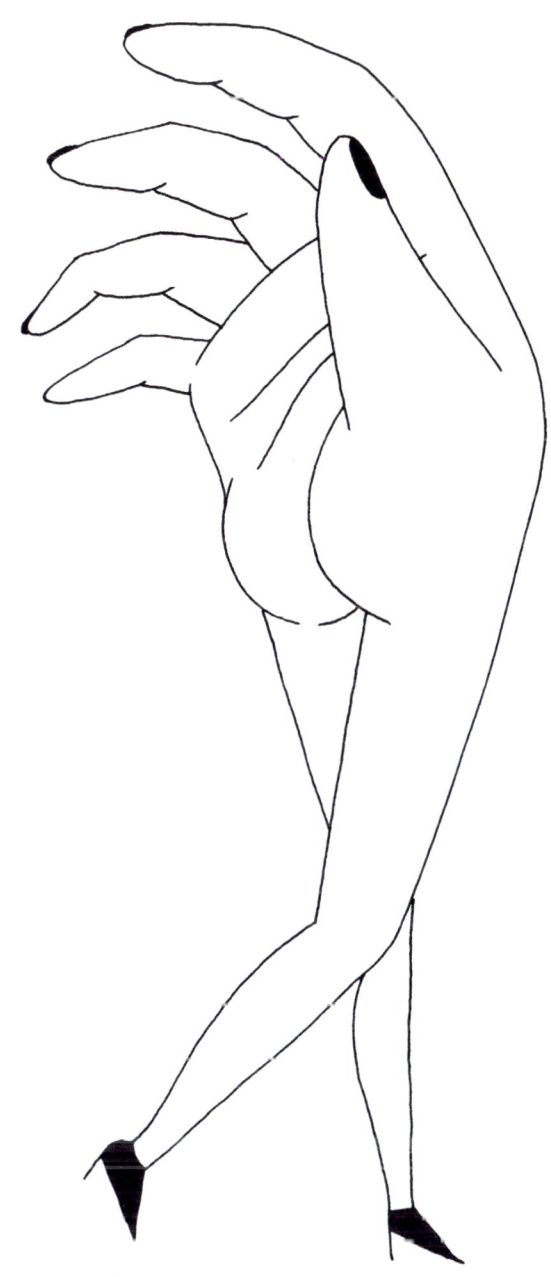

DIE LIEBE AN UND FÜR SICH
Wie oft befriedigen Sie sich im Durchschnitt selbst?

57 % der Männer und **32** %
der Frauen machen es
sich mindestens einmal
wöchentlich selbst.

Basis: alle Befragten, die sich schon selbst befriedigt haben, n=1849 Erhebungszeitraum: 01.06.2017-08.06.2017

ANREGUNG ZUR ERREGUNG
Wodurch regen Sie sich sexuell an, wenn Sie sich selbst befriedigen?

„Mit meinen
eigenen Fantasien"

48%  48%

„Pornos"

52%  15%

„Mit nicht-pornogra-
fischen Vorlagen"

6%  2%

„Streicheln"

14% ♂ ♀ 31%

„Durch Duschen
oder Baden"

10% ♂ ♀ 15%

„Mit Hilfsmitteln"

4%  20%

Nur **2** %
der Befragten
finden
Selbstbefriedigung
verwerflich.

5 % der Menschen mit
Migrationshintergrund
finden Selbstbefriedigung
verwerflich.

Unter Katholiken sind
es nur 1 %.

Basis: alle Befragten, n=2036 Erhebungszeitraum: 01.06.2017–08.06.2017

Sex im Kopf

46%
der Männer und 27%
der Frauen träumen
mindestens einmal im
Monat von Sex.

33%
der Männer und
5 % der Frauen
wachen mindestens
einmal pro Woche
sexuell erregt auf.

26%
der Befragten hat es
schon einmal sexuell
erregt, andere

Menschen zu beobachten,

ohne dass diese es
gemerkt haben.

33%  20%

Basis: alle Befragten, n=2036 Erhebungszeitraum: 01.06.2017-08.06.2017

38 % der Männer und **29** %
der Frauen hatten in ihrer
Fantasie oder im Traum
schon einmal Sex mit einer
prominenten Person.

SEX-NOSTALGIE

Auch wenn die Beziehung längst verflossen ist, denken viele zurück an frühere erotische Erlebnisse. Vor allem die Männer.

62 % der Männer und 46 % der Frauen hatten schon

Fantasien vom Sex

mit einer oder einem Ex.

Die Menschen denken vor allem an

erotische Situationen,

die schon sehr lange zurückliegen: 32 % fantasieren von einer Beziehung, die vor mehr als fünf Jahren zu Ende gegangen ist.

Am häufigsten blicken die 35- bis 44-jährigen Männer zurück: 80% von denen haben

nostalgische Sex-Erinnerungen.

Basis: alle Befragten, n=2036 Erhebungszeitraum: 01.06.2017–08.06.2017

Sex im Kopf

IMMER NUR DAS EINE IM KOPF
Wie oft denken Sie an Sex?

48% der Männer denken jeden Tag an Sex, aber nur 16% der Frauen.

77% der Männer denken zumindest jede Woche an Sex, gegenüber 44% der Frauen. Jede siebte Frau denkt nie oder fast nie an Sex, bei den Männern sind es nur 4%.

GEDANKEN OHNE TABU

*Haben Sie manchmal Fantasien von sexuellen Handlungen,
die Sie in der Wirklichkeit nicht praktizieren?*

Männer

fantasieren, mehr als Frauen, vor allem von
Dreiern, jüngeren Partnerinnen, Gruppensex
und Analverkehr.

Frauen

fantasieren häufiger von Sex in
der Öffentlichkeit und Sexspielzeugen.

Sex mit zwei Partnern („flotter Dreier")	Sex mit wesentlich jüngerem Partner	Sex in der Öffentlichkeit
♂ 35% ♀ 18%	♂ 23% ♀ 8%	♂ 15% ♀ 12%
Gruppensex	Sexspielzeuge	Analverkehr
♂ 17% ♀ 8%	♂ 11% ♀ 12%	♂ 16% ♀ 5%
Sex mit einvernehmlichen Gewalthandlungen (z.B. SM)	Sex mit wesentlich älterem Partner	Homosexuelle Handlungen
♂ 9% ♀ 8%	♂ 10% ♀ 5%	♂ 6% ♀ 6%

Basis: alle Befragten, n=2036 Erhebungszeitraum: 01.06.2017-08.06.2017

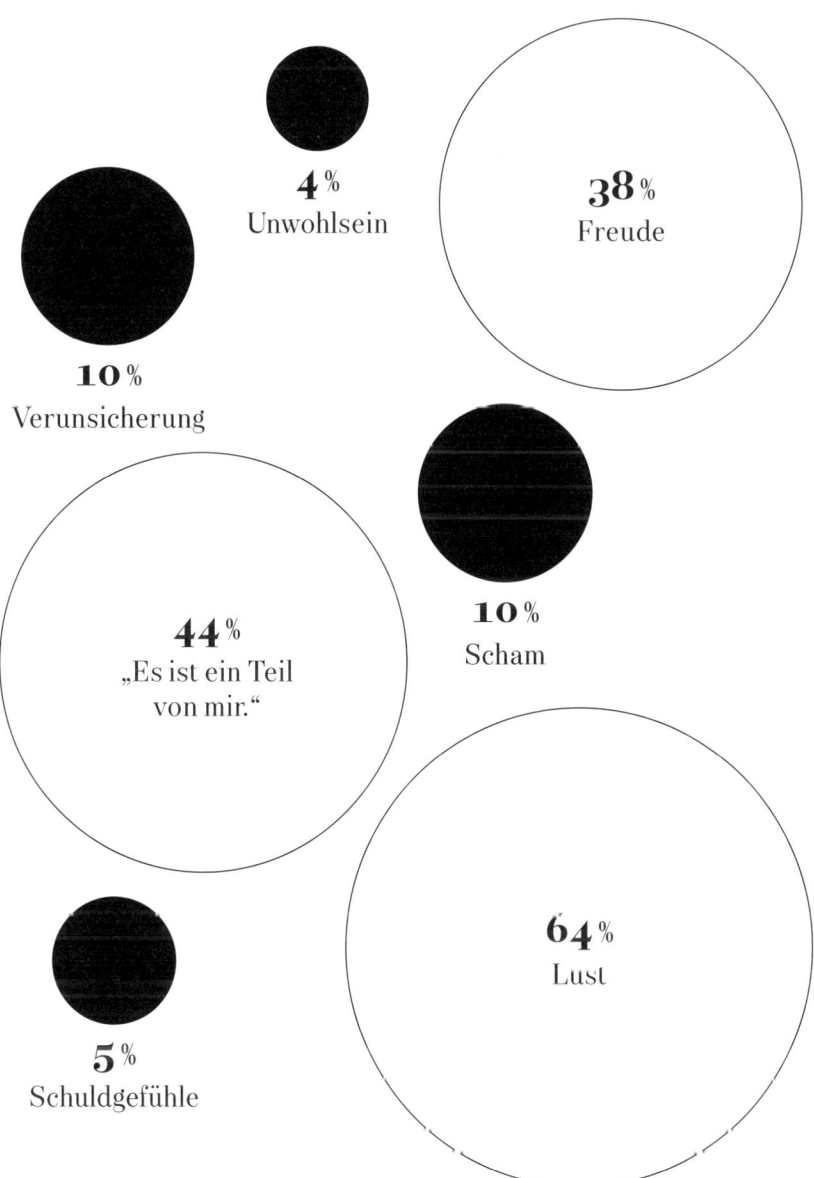

KEIN PROBLEM MIT FANTASIEN

Welche Empfindungen haben Sie bezüglich Ihrer erotischen Wünsche und sexuellen Fantasien?

4% Unwohlsein

38% Freude

10% Verunsicherung

44% „Es ist ein Teil von mir."

10% Scham

64% Lust

5% Schuldgefühle

Basis: alle Befragten, die manchmal Fantasien von sexuellen Handlungen haben, die sie in Wirklichkeit nicht praktizieren, bzw. noch nicht praktiziert haben, n=827 Erhebungszeitraum: 01.06.2017–08.06.2017

KEINE FALSCHE SCHAM

Die Aussagen zu den sexuellen Fantasien zeigen: Nur wenige glauben, dass sie sich für den Sex in ihrem Kopf schämen müssen.

„Meine sexuellen Fantasien bereichern mein Leben."

Dem stimmen **77**% der Männer und **68**% der Frauen zu.

Basis: alle Befragten, die manchmal Fantasien von sexuellen Handlungen haben, die sie in Wirklichkeit nicht praktizieren, bzw. noch nicht praktiziert haben, n=827 Erhebungszeitraum: 01.06.2017–08.06.2017

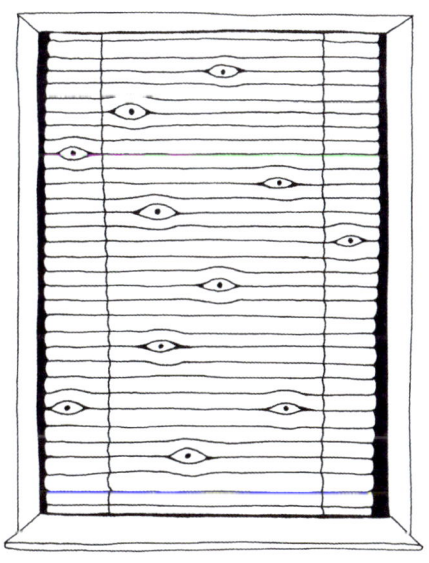

"Ich habe mich schon einmal für eine
sexuelle Fantasie geschämt."

20% | **25**%

"Ich versuche, meine sexuellen Fantasien
in die Tat umzusetzen."

53% | **42**%

"Meine sexuellen Fantasien machen
mir manchmal Angst."

14% | **12**%

8.

Verhütung und Hygiene

Sex hat Risiken und Nebenwirkungen –
und bevor man zum Arzt oder Apotheker
gehen muss, kauft man doch lieber
eine Packung Kondome im Drogeriemarkt.
Das Präservativ ist das beliebteste
Verhütungsmittel, weil es vor uner-
wünschter Schwangerschaft und vor
Infektionen schützt, und beim ersten
Sex mit einem neuen Partner ist es
heute praktisch Standard. Kaum jemand
druckst beim Kondomkauf im Laden
herum. Die Vorsicht lohnt sich: Nur einer
von sechs Deutschen musste schon
einmal wegen einer sexuell übertragenen
Krankheit behandelt werden.

VERHÜTEN ODER NICHT?

Benutzen Sie beim Sex Verhütungsmittel?

	Immer oder Meistens	Nie
Menschen in Partnerschaft, die zusammen leben	33%	48%
Menschen in Partnerschaft, die nicht zusammen leben	44%	33%
Singles	49%	20%

39 % der Teetrinker, aber nur 22 % der Kaffeetrinker verhüten immer.

Basis: alle Befragten, n=2104 Erhebungszeitraum: 06.04.2017-12.04.2017

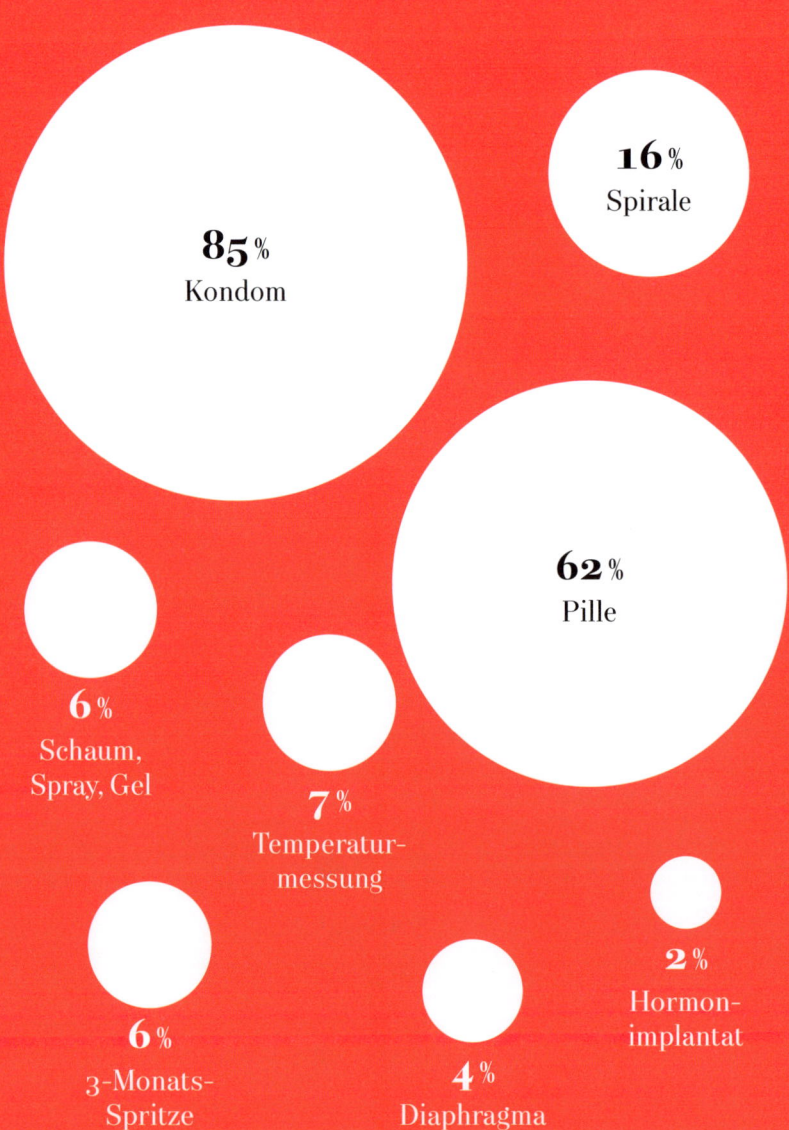

WELCHE VERHÜTUNGSMITTEL BENUTZEN SIE?

85% Kondom

16% Spirale

62% Pille

6% Schaum, Spray, Gel

7% Temperatur-messung

6% 3-Monats-Spritze

4% Diaphragma

2% Hormon-implantat

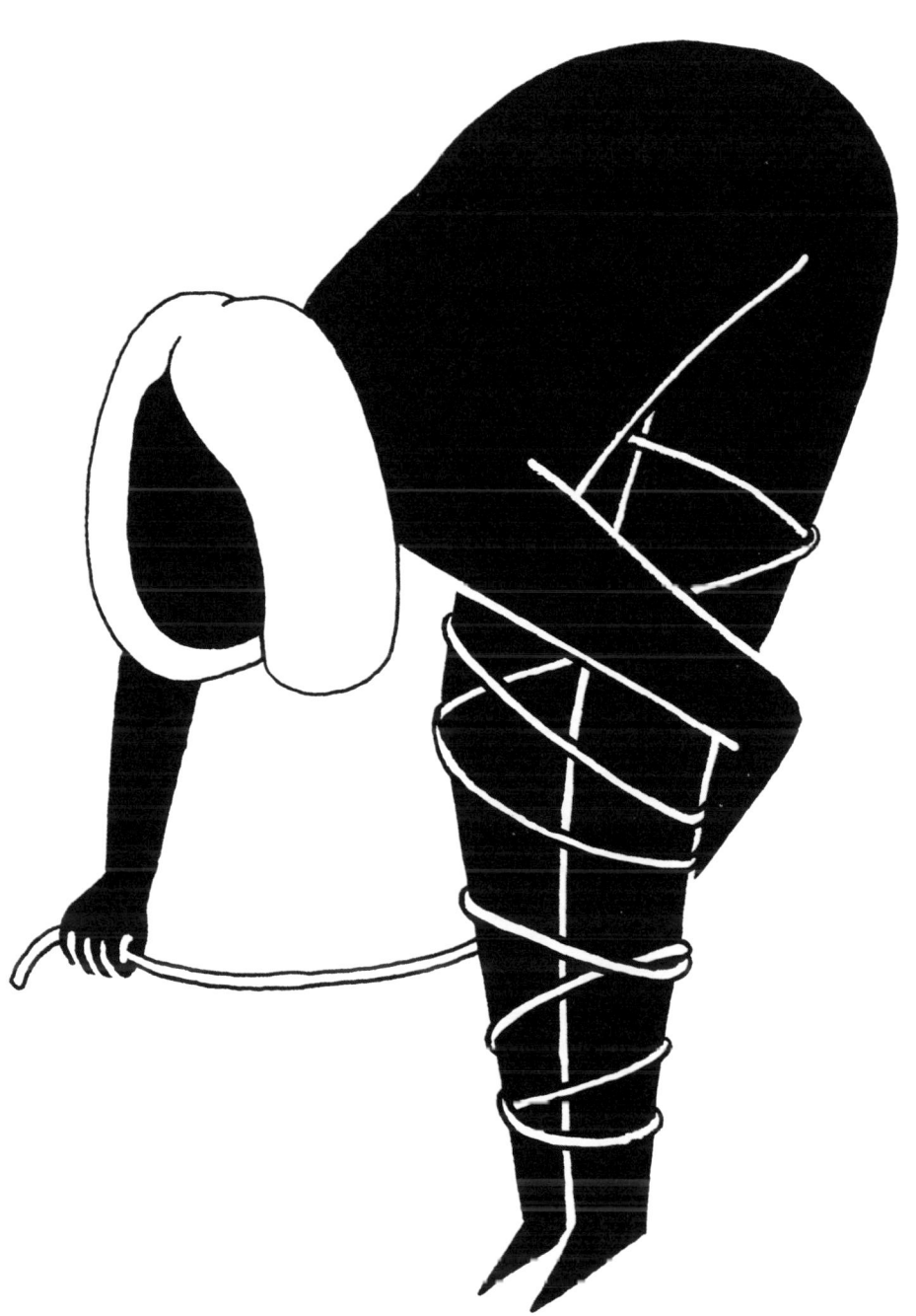

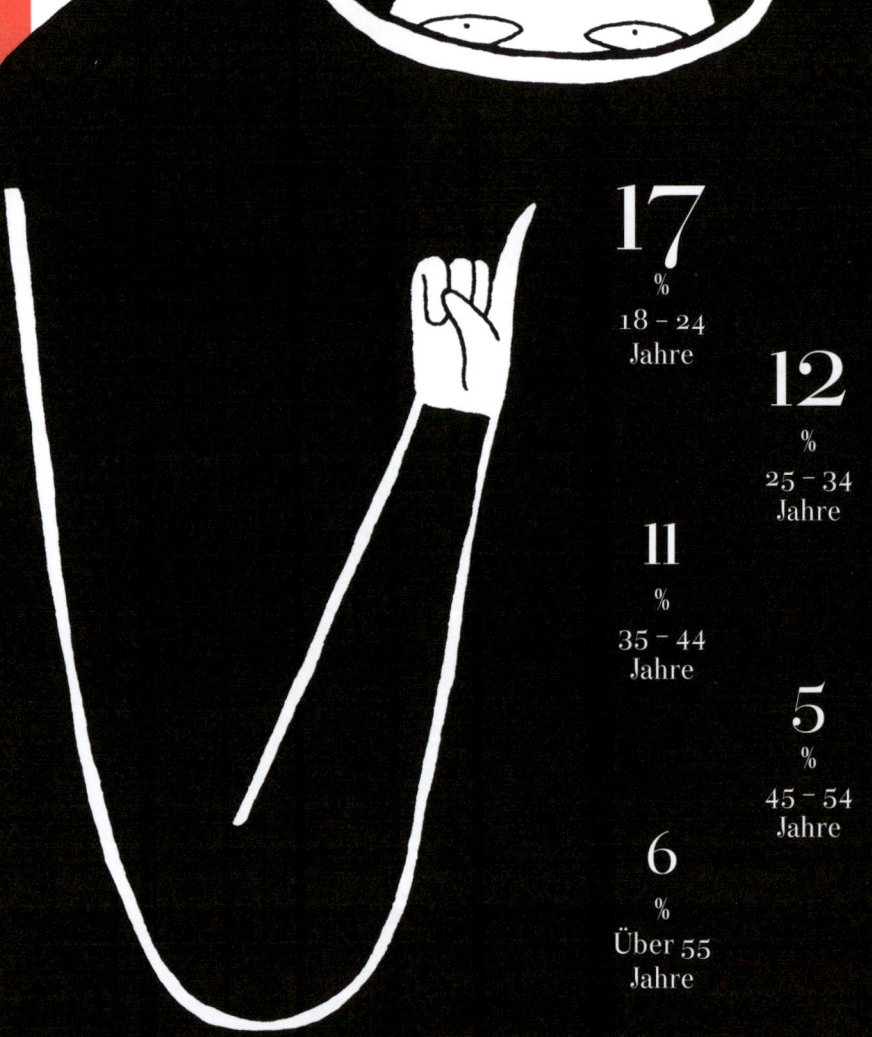

17 %
18 – 24 Jahre

12 %
25 – 34 Jahre

11 %
35 – 44 Jahre

5 %
45 – 54 Jahre

6 %
Über 55 Jahre

ROTER KOPF AN DER LADENTHEKE?

8 % der Menschen ist es peinlich, in der Drogerie oder Apotheke Verhütungsmittel zu kaufen. Mit dem Alter nehmen die Hemmungen ab.

MÄNNER: OFFEN FÜR NEUES

*Wenn es eine „Pille für den Mann" gäbe – würden Sie die nehmen
(als Mann) bzw. Ihrem Partner dazu raten (als Frau)?*

Pille für den Mann

Basis: alle Befragten, n=2104 Erhebungszeitraum: 06.04.2017-12.04.2017

46% der Männer würden die Pille nehmen.

42% der Frauen würden ihrem Partner dazu raten.

SIE BENUTZEN KONDOME. WIESO TUN SIE DAS?

Basis: alle Befragten, die angeben, mit Kondomen Erfahrungen gemacht zu haben, n=1007 Erhebungszeitraum: 06.04.2017-12.04.2017

76 %
Schutz vor
Geschlechtskrankheiten

51 %
Sichere
Verhütungsmethode

46 %
Für den Körper
unschädliche
Verhütungsmethode

26 %
Preiswerte
Verhütungsmethode

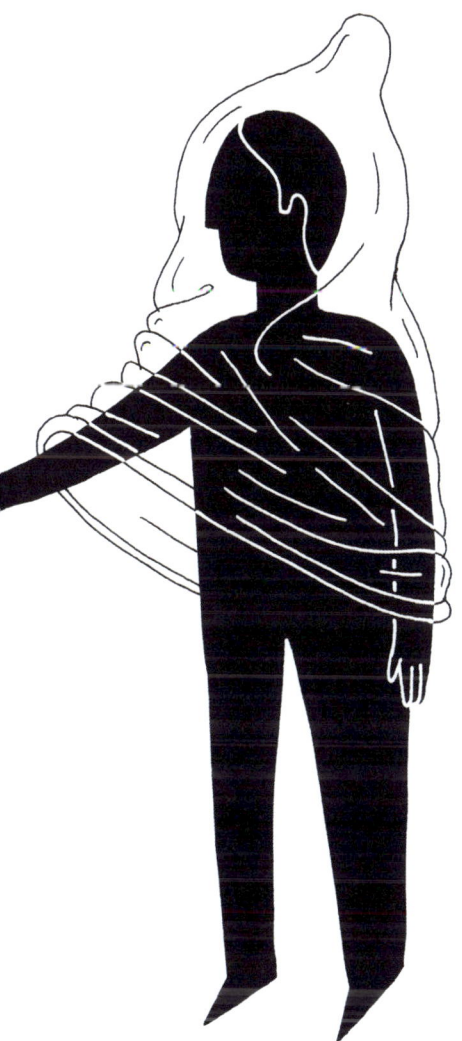

*11 % der Landbevölkerung
ist der Kondomkauf
peinlich, aber nur 7 % der
Stadtbevölkerung.*

Wer kauft die
Kondome?
68 % der Männer
in heterosexuel-
len Beziehungen
sagen:
„Ich!" Aber nur
27 % der Frauen
bestätigen das.
Die Hälfte von
denen sagt: Wir
tun das beide
gleichermaßen.

SEIFE, ZAHNPASTA, PRÄSERVATIVE

Wo kaufen sie Kondome?

34% Im Supermarkt

22% In der Apotheke

77% Im Drogeriemarkt

12% Am Automaten

20% Im Internet

6% An der Tankstelle

3% Am Kiosk

Basis: alle Befragten, die selbst Kondome kaufen, n=823 Erhebungszeitraum: 06.04.2017-12.04.2017

„IST DOCH NICHT NÖTIG ...“

Haben Sie schon einmal auf ein Kondom verzichtet,
weil Ihr Partner Sie dazu gedrängt hat?

14%

der Männer und 11% der Frauen sagen „Ja“.

UNERWÜNSCHTE FOLGEN

Bei **12**% der Befragten hat ungeschützter
Geschlechtsverkehr schon einmal zu einer ungewollten
Schwangerschaft geführt.

63% von denen haben das Kind ausgetragen.

Basis: alle Befragten, die schon Sex hatten, n=1970 Erhebungszeitraum: 06.04.2017-12.04.2017;
Basis: alle Befragten mit ungewollter Schwangerschaft, n=233 Erhebungszeitraum: 06.04.2017-12.04.2017

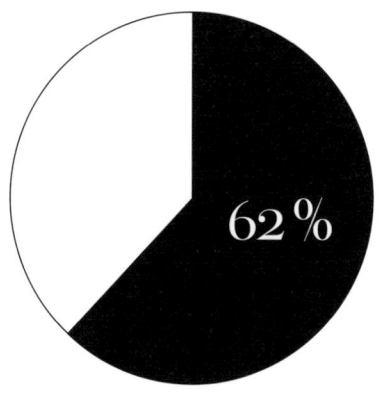

62 %

finden, Kondome sollten kostenlos an Jugendliche abgegeben werden.

„GEHT DOCH AUCH OHNE, SCHATZ ...“

Angenommen, Sie landen mit einer Spontanbekanntschaft im Bett.
Allerdings ist kein Kondom vorhanden. Was würden Sie tun?

	„Ich würde auf Sex verzichten.“	„Ich hätte Sex, aber ohne Penetration.“	„Ich hätte Sex auch ohne Kondom.“
Männer	24 %	30 %	25 %
Frauen	55 %	18 %	10 %

Basis: alle Befragten, n=2104 Erhebungszeitraum: 06.04.2017-12.04.2017

Verhütung und Hygiene

DER GUMMI – EIN LIEBESTÖTER?

Was die Leute über Kondome denken

„Kondome lassen sich problemlos ins Liebesspiel integrieren.“

35 %

„Kondome stören die erotische Situation.“

22 %

„Kondome stören mein sexuelles Empfinden.“

21 %

„Kondome riechen unangenehm.“

18 %

„Kondome helfen dem Mann, seinen Orgasmus länger herauszuzögern.“

15 %

Basis: alle Befragten, die angeben, mit Kondomen Erfahrungen gemacht zu haben, n=1007 Erhebungszeitraum: 06.04.2017 – 12.04.2017

Basis: alle Befragten, die angeben, mit Kondomen Erfahrungen gemacht zu haben, n=1007 Erhebungszeitraum: 06.04.2017-12.04.2017

Verhütung und Hygiene

26%

der Liebenden ist beim Sex schon mindestens einmal das Kondom gerissen. Und **10**% der Befragten ist das sogar mehrfach passiert.

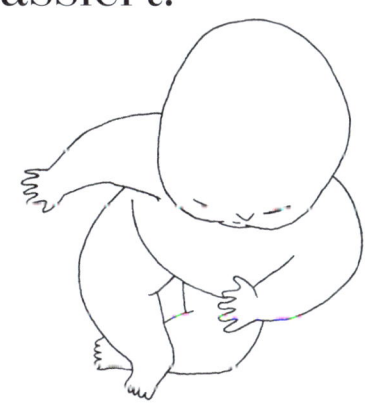

EROTISCHER WASCHZWANG

*Duschen Sie/waschen Sie sich, wenn möglich,
vor oder nach dem Sex?*

*43% der Städter
duschen vor und
nach dem Sex,
aber nur 35% der
Landbevölkerung.*

Vor dem Sex: **27** %

Nach dem Sex: **14** %

Vor und nach dem Sex: **38** %

Basis: alle Befragten, die schon Sex hatten, n=1970 Erhebungszeitraum: 06.04.2017 - 12.04.2017

Verhütung und Hygiene

SEX WÄHREND DER TAGE?

Haben Sie Geschlechtsverkehr während der Periode (Ihrer Partnerin)?

Nein

sagen 63%.

LASS UNS REDEN!

Sprechen Sie, bevor Sie das erste Mal Sex mit einem Partner haben, über Geschlechtskrankheiten wie HIV oder Pilzinfektionen?

12%

22%

55%

„Klar, immer!"

„Ja, meistens."

„Nein."

70%

aller schwulen
Männer hatten
in den Zeiten
von Aids schon
einmal Sex ohne
ausreichenden
Schutz.
(GESAMTBEVÖLKERUNG: 48%)

Basis: alle Befragten, die schon Sex hatten, n=1970 Erhebungszeitraum: 06.04.2017–12.04.2017

Verhütung und Hygiene

KENNEN SIE IHREN HIV-STATUS?

45% Ja - negativ

34% Nein

11% Der Test ist schon lange her

„HERR DOKTOR, ES BRENNT ..."

Haben Sie schon einmal eine Behandlung wegen einer sexuell bedingten Infektion gehabt?

Nein

sagen 83 % der Befragten.

Basis: alle Befragten, n=2104 Erhebungszeitraum: 06.04.2017-12.04.2017;
Basis: alle Befragten, die schon Sex hatten, n=1970 Erhebungszeitraum: 06.04.2017-12.04.2017

9.

Homo-
sexualität

Als die Umfragen zu diesem Buch gemacht wurden, hatte der Bundestag noch nicht die „Ehe für alle" beschlossen. Aber die Volksmeinung war eindeutig: 63 % sind für eine völlige Gleichstellung homosexueller Partnerschaften – eine Zahl, die noch vor zehn Jahren undenkbar gewesen wäre. Dazu beigetragen hat, dass immer weniger Homosexuelle ihre Neigungen schamhaft verschweigen. Wer Homosexuelle als Freunde oder Bekannte hat, diskriminiert sie weniger und findet, dass die gleichgeschlechtliche Liebe nur eine andere Spielart der Liebe ist.

URSACHENFORSCHUNG

*Was ist Ihrer Meinung nach der Hauptgrund, warum
manche Menschen homosexuell sind?*

35%
Die Homosexualität ist ihnen angeboren

Basis: alle Befragten, n=2036 Erhebungszeitraum: 01.06.2017–08.06.2017

17 %
Die Homosexualität hat
sowohl genetische als auch
Umweltursachen

14 %
Es ist selbst gewählt, ob
man homosexuell ist
oder nicht

10 %
Sie entsteht durch die
Erziehung und andere
Einflüsse in der Kindheit

3 %
Die Homosexualität ist
eine Krankheit

ANSICHTEN ÜBER HOMOSEXUALITÄT

Nachdem die „Ehe für alle" eingeführt wurde, ist das Adoptionsrecht
das nächste Thema – die meisten Deutschen sind dafür.

59%

sind für das
Adoptionsrecht
für Homosexuelle.

Von denen, die homosexuelle Freunde haben,
sind 73 % für das Adoptionsrecht.

Basis: alle Befragten, n=2036 Erhebungszeitraum: 01.06.2017–08.06.2017

EIN KLEINES BISSCHEN HOMO?

Auch Heterosexuelle haben manchmal schwule Fantasien.

17%

„Ich habe schon einmal im Traum homosexuelle Handlungen begangen."

17%

„Ich bin neugierig, wie sich gleichgeschlechtlicher Sex anfühlt."

8%

„Ich habe manchmal Verlangen nach gleichgeschlechtlichem Sex, tue es aber nicht, weil ich es grundsätzlich ablehne."

10%

„Ich hatte schon einmal gleichgeschlechtlichen Sex."

43% von denen, die schon einmal gleichgeschlechtlichen Sex hatten, hat es gefallen.
42% hat es nicht gefallen.

FAST JEDER HAT UMGANG MIT HOMOSEXUELLEN

Haben Sie homosexuelle Freunde oder Bekannte?

„Ja, enge homosexuelle Freunde."

19% ♂ ♀ 25%

Nur **31**% haben keine homosexuellen Freunde oder Bekannte.

91% gehen mit ihnen genauso um wie mit ihren heterosexuellen Freunden und Bekannten.

OUTING 1: DAS EIGENE KIND

*Wie würden Sie reagieren, wenn Ihr Kind sich Ihnen
gegenüber als homosexuell outen würde?*

„Das wäre
für mich
ganz
normal.“

 28%

„Ich wäre im ersten
Moment geschockt,
würde das dann aber
akzeptieren.“

 41%

„Das wäre für mich schwer
zu akzeptieren, ich würde
aber mein Kind weiterhin
genauso lieben.“

15%

„Das wäre für
mich völlig
inakzeptabel.“

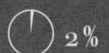 2%

„Ich würde versuchen, es mit
Hilfe einer Therapie wieder auf
den „richtigen Weg“ zu bringen.“

 2%

„Ich würde
mich darüber
freuen.“

 1%

OUTING 2: DER BESTE FREUND

*Wie würden Sie reagieren, wenn Ihr bester Freund / Ihre beste
Freundin sich Ihnen gegenüber als homosexuell outen würde?*

88% „Wir würden befreundet bleiben.“

Aber 17% der Männer (und 8% der Frauen) würden
in Zukunft körperliche Berührungen vermeiden.

Basis: alle Befragten, n=2036 Erhebungszeitraum: 01.06.2017–08.06.2017

OUTING 3: POLITIKER

*Wie stehen Sie dazu, wenn homosexuelle Prominente und Politiker
unfreiwillig durch die Medien „geoutet" werden?*

„Das finde ich nicht korrekt."

60%

„Prominente müssen damit rechnen,
dass das passiert." **19**%

„In bestimmten Situationen
ist es gerechtfertigt." **4**%

„Das hat in den Medien
nichts zu suchen." **10**%

GESCHLECHT IM FLUSS

Es gibt nicht nur Hetero- und Homosexuelle. Wie schätzen sich Menschen auf einer Skala von 0 (ausschließlich heterosexuell) bis 10 (ausschließlich homosexuell) ein?

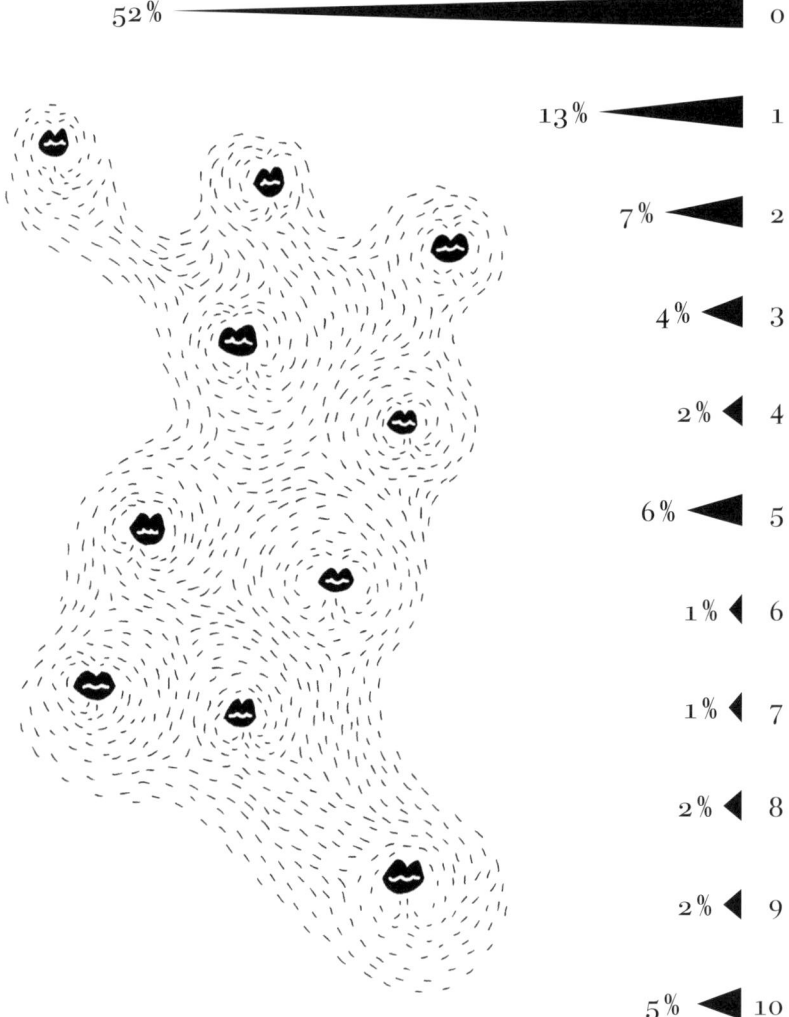

52% — 0

13% — 1

7% — 2

4% — 3

2% — 4

6% — 5

1% — 6

1% — 7

2% — 8

2% — 9

5% — 10

Basis: alle Befragten, n=2036 Erhebungszeitraum: 01.06.2017-08.06.2017

Homosexualität

URTEIL ODER VORURTEIL?

Schwulen-Klischees: modebewusst und ständig auf Sex aus.
So denken die Deutschen darüber:

38%
„Homosexuelle kann man auf
den ersten Blick an ihrer
Art zu reden oder ihrer
Gestik erkennen."

45%
„In homosexuellen Beziehungen übernimmt eine Person die
Rolle des Mannes und der/die
andere die Rolle der Frau."

47%
„Homosexuelle achten mehr
auf ihr Aussehen
als Heterosexuelle."

31%
„Homosexuelle haben einen
besseren modischen
Geschmack als Heterosexuelle."

9%
„Homosexuelle sind immer auf
der Suche nach Sex."

6%
„Homosexuelle fühlen sich von
Minderjährigen angezogen."

10.

Porno und Prostitution

Porno ist durch das Internet praktisch jederzeit und überall zugänglich geworden, die meisten Menschen haben das als Normalität akzeptiert. Man lässt sich durch Bilder und Filme inspirieren, manchmal zusammen mit dem Partner. Und nur wenige haben danach ein schlechtes Gewissen. Während Pornos von beiden Geschlechtern weitgehend als ganz normales Geschäft angesehen werden, scheiden sich bei der Prostitution die Geister: Deren Konsumenten sind fast ausschließlich Männer, Frauen dagegen finden sie erniedrigend und fordern schärfere Gesetze.

44% der Männer konsumieren mindestens einmal pro Woche Pornografie, gegenüber **7**% der Frauen.

48% der Frauen hingegen konsumieren nie Pornografie, gegenüber **12**% der Männer.

Mit **16,6** Jahren haben junge Männer durchschnittlich ihren ersten Kontakt mit Pornografie, junge Frauen mit **19,3** Jahren.

Immer jünger: Die über 55-Jährigen sahen erst mit **20,4** Jahren ihren ersten Porno, die 20 - bis 24-Jährigen schon mit **14,2** Jahren.

Basis: alle Befragten, die schon mit pornografischen Inhalten in Kontakt waren, n=1869 Erhebungszeitraum: 23.05.2017-30.05.2017;
Basis: alle Befragten, n=2056 Erhebungszeitraum: 23.05.2017-30.05.2017

Porno und Prostitution

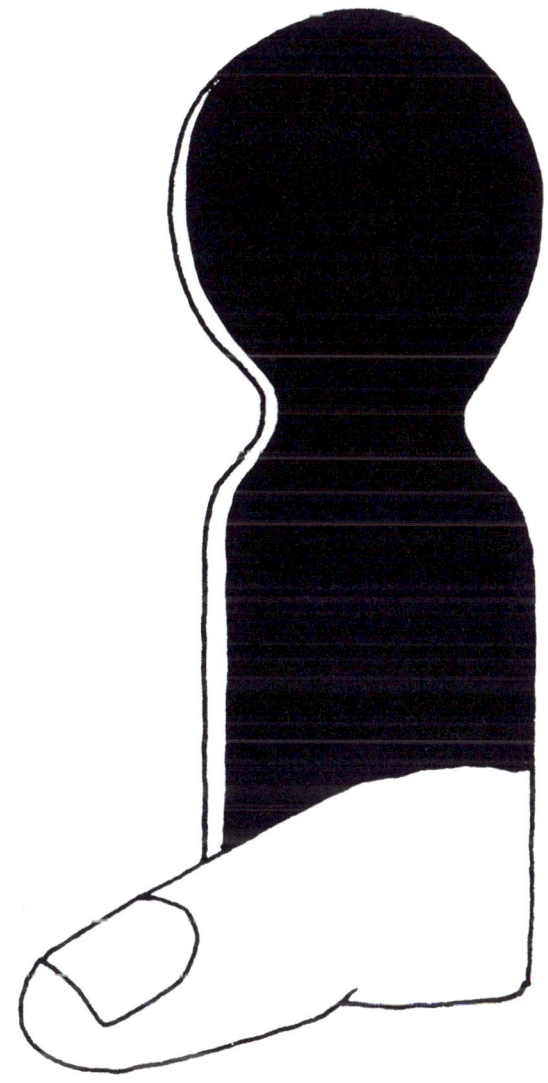

DER SCHNELLE KLICK ZUM SEX

Über welche Medien konsumieren Sie Pornografie?
Ganz vorne steht das Internet –wenn es nichts kostet.

75%
Kostenlose
Internetseiten

18%
DVDs/
Blue-ray

10%
Magazine und
Zeitschriften

10%
Bücher

3%
Kostenpflichtige
Internetseiten

2%
Kino

FRAUEN LESEN AUCH
Welche Formen von Pornografie mögen Sie?

Bücher
13% ♂ ♀ 28%

Bilder & Fotos
41% ♂ ♀ 30%

Filme & Videos
94% ♂ ♀ 77%

Basis: alle Befragten, die Pornografie konsumieren, n=1212 Erhebungszeitraum: 23.05.2017–30.05.2017

AM SCHÄRFSTEN IST
DER ECHTE SEX

*Welche Art von pornografischen Bildern und Fotos
finden Sie besonders erregend?*

19 %  10 %

Fetisch-Fotografie
(z.B. Lack & Leder)

21 %  21 %

Sexuelle Zeichnungen
& Comics

32 %  46 %

Künstlerische
Nacktbilder

62 %  33 %

Nacktbilder von
Amateuren

58 %  46 %

Professionelle
Nacktbilder

64 %  56 %

Bilder von Menschen beim
Geschlechtsverkehr

Basis: alle Befragten, die pornografische Bilder & Fotos mögen n=451 Erhebungszeitraum: 23.05.2017–30.05.2017

Porno und Prostitution

AUCH BEIM PORNO: FRAUEN MÖGEN'S ROMANTISCH

Welche Art von pornografischen Filmen und Videos finden Sie besonders erregend?

♂ | ♀

Romantische Filme mit einzelnen Sexszenen

32% | **50**%

Amateur-Filme

62% | **34**%

Professionelle Sex-filme

59% | **49**%

DER SEX DER ZUKUNFT

Bald sollen wir Sexvideos in der virtuellen Realität (VR) durch die Datenbrille erleben oder gar mit Robotern Sex haben. Männer freuen sich drauf, Frauen sind zurückhaltend.

„... sind wahrscheinlich so intensiv wie wirklicher Sex."

♂ 15% ♀ 14%

„... fände ich beängstigend."

♂ 18% ♀ 31%

„ würde ich gerne einmal ausprobieren."

♂ 51% ♀ 22%

33% der Männer und **20**% der Frauen würden mit einem Roboter Sex haben, wenn er sich anfühlen und verhalten würde wie ein Mensch.

Basis: alle Befragten, die pornografische Filme & Videos mögen n=1068 Erhebungszeitraum: 23.05.2017–30.05.2017; Basis: alle Befragten, die VR kennen n=1567 Erhebungszeitraum: 23.05.2017–30.05.2017; Basis: alle Befragten, n=2036 Erhebungszeitraum: 01.06.2017–08.06.2017

GEWALT GEHT GAR NICHT

Was finden Sie bei pornografischen Filmen gut?

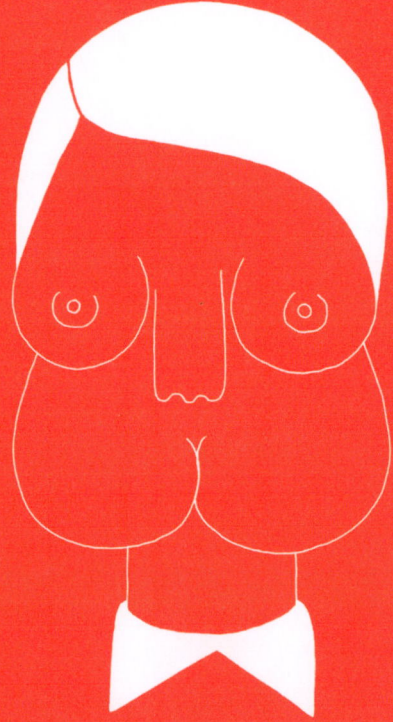

Dialoge mit sexueller Sprache: **68 %**

Szenen mit extremen Formen von Sex: **50 %**

Wenn **Gewalt** in den Filmen vorkommt: **16 %**

Basis: alle Befragten, die pornografische Filme & Videos mögen n=1068 Erhebungszeitraum: 23.05.2017–30.05.2017

Szenen in
Pornofilmen, in
denen Menschen
zärtlich
miteinander
umgehen,
mögen **90 %**
der Befragten.

INSPIRATION PORNO

Hat Sie Pornografie schon mal dazu inspiriert, bestimmte Dinge und Techniken beim Sex mit Ihrem Partner oder Ihrer Partnerin auszuprobieren?

Basis: alle Befragten, die Pornografie konsumieren, n=1159 Erhebungszeitraum: 23.05.2017–30.05.2017

68 %

sagen: ja!
52 % haben sich sogar
schon mehrmals
inspirieren lassen.

*Fleisch- und Fischesser regen sich häufiger
mit pornografischen Vorlagen an als Veganer
und Vegetarier (68 % zu 63 %).*

FREIMÜTIGE FRAUEN

Weiß Ihr Partner / Ihre Partnerin, dass Sie
Pornografie konsumieren?

Männer

Frauen

Männer		Frauen
37%	„Ja, wir sprechen offen darüber."	52%
25%	„Ja, es ist ein offenes Geheimnis."	15%
15%	„Nein, mein Partner soll das nicht wissen."	8%
15%	„Nein, aber mein Partner dürfte das wissen."	16%

Basis: alle Befragten, die aktuell in einer Beziehung sind oder es mal waren und die Pornografie konsumieren, n=1126 Erhebungszeitraum: 23.05.2017–30.05.2017

62%

der Pornografie-
konsumenten haben
schon einmal mit ihrem
Patner/ ihrer Partnerin
zusammen Pornos
angesehen.

Basis: alle Befragten, die Pornografie konsumieren, n=1212 Erhebungszeitraum: 23.05.2017–30.05.2017

SEXY SELFIE

Haben Sie sich oder Ihren Partner/Ihre Partnerin
schon einmal nackt fotografiert?

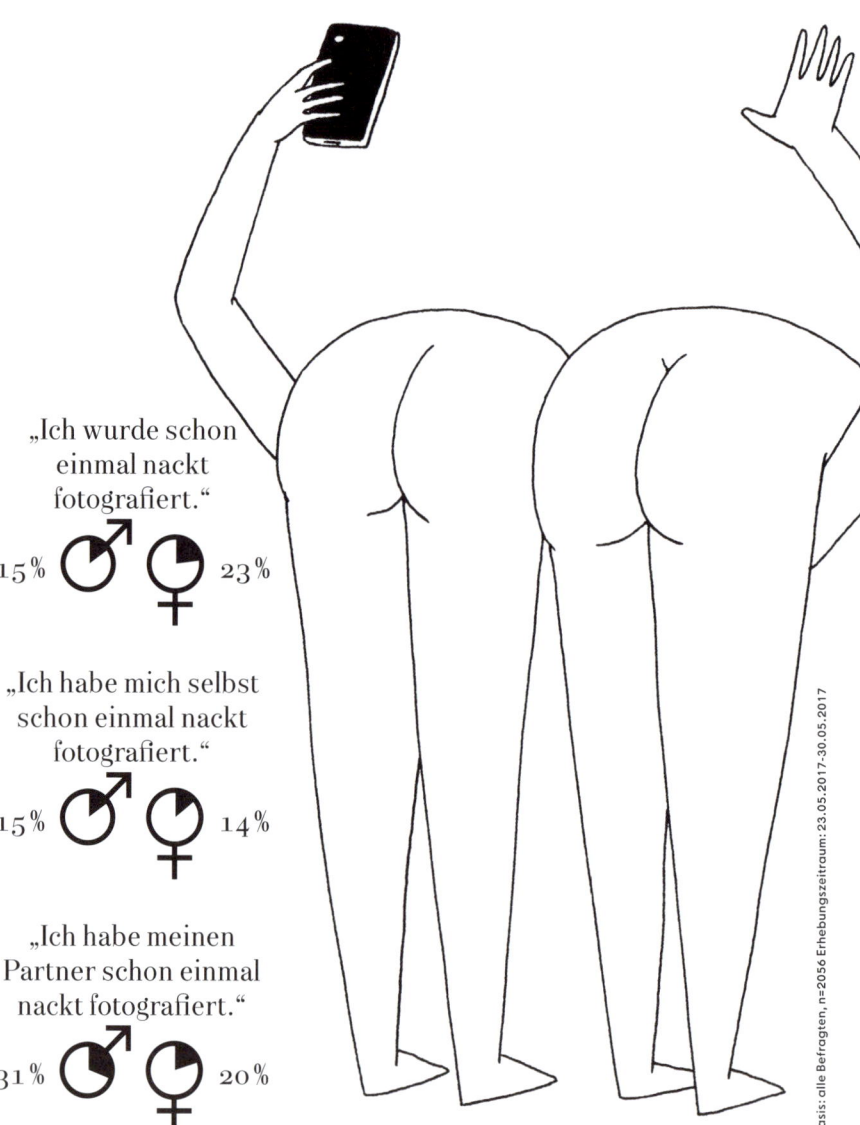

„Ich wurde schon
einmal nackt
fotografiert.“

15 % ♂ ♀ 23 %

„Ich habe mich selbst
schon einmal nackt
fotografiert.“

15 % ♂ ♀ 14 %

„Ich habe meinen
Partner schon einmal
nackt fotografiert.“

31 % ♂ ♀ 20 %

Basis: alle Befragten, n=2056 Erhebungszeitraum: 23.05.2017-30.05.2017

Porno und Prostitution

12%

haben sich und ihren
Partner schon einmal
beim Sex gefilmt
oder fotografiert.

NACKT IM NETZ? LIEBER NICHT!

*Haben Sie schon einmal in Erwägung gezogen, Bilder oder Videos,
auf denen Sie nackt sind oder Sex haben, ins Internet zu stellen?*

Bas s: alle Befragten, die schon Sex hatten, n=1943 Erhebungszeitraum: 23.05.2017-30.05.2017;
Bas s: alle Befragten, n=2056 Erhebungszeitraum: 23.05.2017-30.05.2017

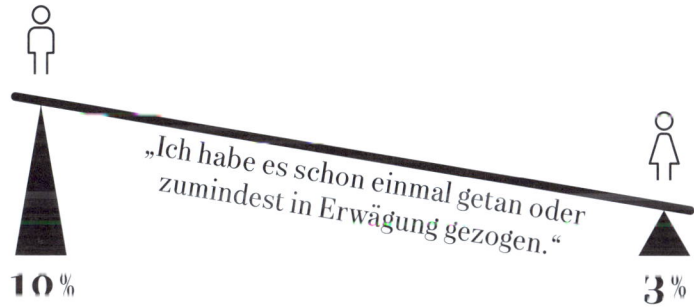

„Ich habe es schon einmal getan oder zumindest in Erwägung gezogen."

10%   3%

PORNO IST KEIN BEZIEHUNGSKILLER

Hat der Konsum von Pornografie Auswirkungen
auf Ihre sexuelle Lust in der Beziehung?

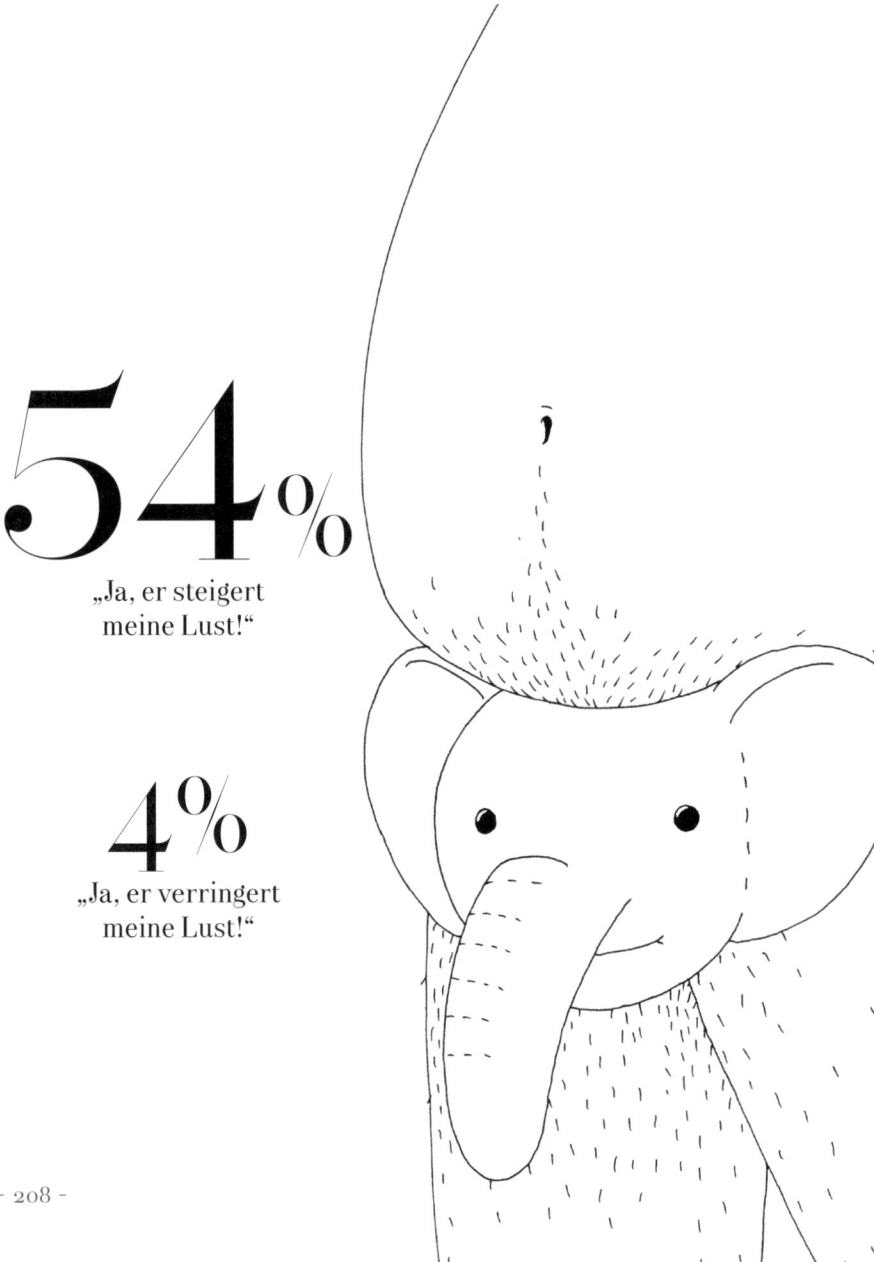

54%

„Ja, er steigert
meine Lust!"

4%

„Ja, er verringert
meine Lust!"

ENTSPANNTE MÄNNER,
ERREGTE FRAUEN

Wie fühlen Sie sich, nachdem Sie Pornografie konsumiert haben?

„Ich bin entspannt."

53%  41%

„Ich bin erregt."

37%  45%

„Ich schäme mich."

3% ♂ ♀ 5%

„Ich habe ein
schlechtes Gewissen."

6% ♂ ♀ 4%

Basis: alle Befragten, die Pornografie konsumieren, n=1212 Erhebungszeitraum: 23.05.2017-30.05.2017

Trotz aller Anti-Porno-Kampagnen: Die meisten Deutschen sehen Pornografie als ein ganz normales Geschäft an und wollen den Zugang nicht einschränken.

„Pornografie ist eine Möglichkeit, Fantasien auszuleben."

72%

„Pornografie vermittelt vor allem Jugendlichen ein falsches Bild von Sexualität."

69 %

„Pornos anzuschauen, wenn man in einer Beziehung ist, ist wie Fremdgehen."

14 %

„Ich lehne Pornografie eigentlich ab, aber sie erregt mich trotzdem."

21 %

„Pornografie ist ein Geschäft wie jedes andere auch."

67 %

„Ich verachte Menschen, die Pornografie konsumieren."

8 %

„Der Zugang zu Pornografie sollte deutlich erschwert werden."

42 %

Basis: alle Befragten, n=2056 Erhebungszeitraum: 23.05.2017–30.05.2017

JEDER VIERTE MANN

*Hatten Sie schon einmal gegen Geld Sex
mit einer oder einem Prostituierten?*

26
%
DER MÄNNER
WAREN SCHON
EINMAL BEI EINER
PROSTITUIERTEN

1
%
DER FRAUEN
WAREN BEI EINEM
PROSTITUERTEN

8% aller Männer, die Sex mit einer Prostituierten hatten, gehen mindestens einmal im Monat zu einer.

15% aller Männer, die Sex mit einer Prostituierten hatten, gehen mindestens einmal im Jahr zu einer.

ENTSPANNTES VERHÄLTNIS

Denken Sie nun einmal an das letzte Mal, als Sie Sex mit einer/m Prostituierten hatten. Wie fühlten Sie sich nach dem Sex?

„Ich war entspannt."
45%

„Ich fühlte mich gut."
36%

„Ich war erregt."
18%

„Ich war glücklich."
14%

„Ich schämte mich."
9%

„Ich fühlte mich bedrückt."
8%

„Ich fühlte mich niedergeschlagen."
6%

„Ich hatte ein schlechtes Gewissen."
15%

22% der Männer, die bisher nur einmal bei einer Prostituierten waren, fühlten sich entspannt.
10% fühlten sich niedergeschlagen.

Basis: alle Befragten, n=2056 Erhebungszeitraum: 23.05.2017–30.05.2017;
Basis: alle Befragten, die Sex mit einer Prostituierten hatten, n=269 Erhebungszeitraum: 23.05.2017–30.05.2017

Porno und Prostitution

ANSICHTEN ZUR PROSTITUTION

Die Geschlechter sehen das Geschäft mit dem Sex unterschiedlich:
Männer finden's ganz normal, Frauen sind kritisch.

81 %

„Prostituierte sollten
besser geschützt
und sozial abgesichert
werden."
Die Zahl ist für Männer
und Frauen gleich.

„Prostitution ist ein Geschäft wie jedes andere auch."

66 % | **53** %

„Die Gesetze zur Prostitution sollten verschärft werden."

38 % | **53** %

„Prostitution ist eine erniedrigende Tätigkeit."

43 % | **57** %

„Ich bin gegen Prostitution."

18 % | **27** %

„Ich verachte Menschen, die zu Prostituierten gehen."

12 % | **20** %

Ba··is: alle Befragten, n=2056 Erhebungszeitraum: 23.05.2017-30.05.2017

11.

Die dunkle Seite des Sex

Sex ist Lust, Sex macht Spaß und gehört meistens zu den erfreulichen Dingen des Lebens. Aber es gibt auch Menschen, die mit ihrem Sextrieb nicht klarkommen und ihn als eine Sucht empfinden. Wenn die Gedanken an Sex so mächtig werden, dass sie den gesamten Alltag beeinträchtigen, ist vielleicht eine Therapie fällig. Sexuelle Beziehungen, in denen eine Machtposition oder eine Schwäche des Partners ausgenutzt werden, sind keine reine Freude. Und insbesondere Frauen lassen sich manchmal zu Sex verleiten, den sie später bereuen.

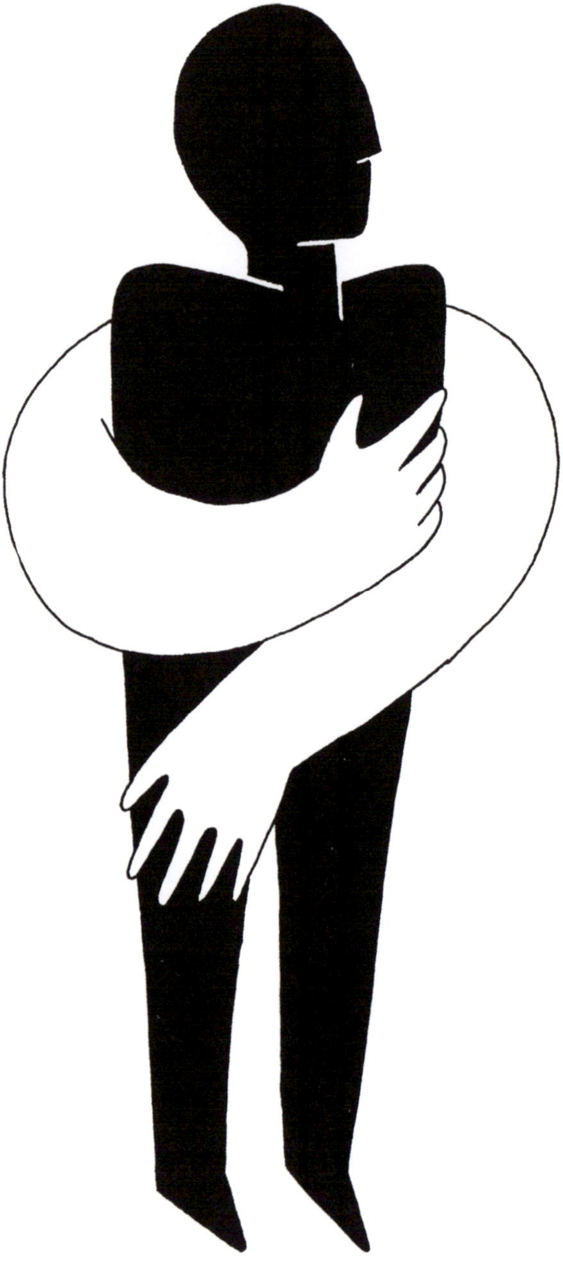

Basis: alle Befragten, die schon Sex hatten, n=1945 Erhebungszeitraum: 01.06.2017-08.06.2017

Die dunkle Seite des Sex

33%

der Befragten haben
schon einmal mit jemandem
geschlafen, obwohl sie
selbst dies eigentlich gar
nicht wollten.

17% der Männer und 29% der Frauen haben
schon mal sexuelle Erfahrungen gemacht, von
denen sie wünschten, dass sie nie passiert wären.

Für eine sexuelle Handlung geschämt haben
sich 16% der Männer und 18% der Frauen.

MACHT UND SEX

Hat schon einmal ein Mensch, der Macht über Sie hatte,
(z.B. ein Vorgesetzter oder Lehrer) versucht, seine Position
auszunutzen, um mit Ihnen Sex zu haben?

Ja, sagen **6**% der Männer und **14**% der Frauen.

Basis: alle Befragten, die schon Sex hatten, n=1945 Erhebungszeitraum: 01.06.2017–08.06.2017

Die dunkle Seite des Sex

13 %

der Männer und
6 % der Frauen
haben schon ein-
mal mit jemandem
geschlafen, obwohl
sie wussten, dass
die Person dies im
Grunde überhaupt
nicht wollte.

WENN SEX ZUR SUCHT WIRD

Eine Minderheit findet ihren eigenen Umgang mit Sex problematisch.

„Ich verbringe mehr Zeit
auf Sexseiten im Internet,
als ich eigentlich will."

15 %  2 %

„Ich gebe mehr Geld
für Pornografie aus, als
ich eigentlich will."

3 %  1 %

„Ich gebe mehr Geld
für Prostitution aus, als
ich eigentlich will."

5 %  1 %

„Ich brauche Sex in
immer höheren Dosen,
um mich zu erregen."

6 % ♂ ♀ 2 %

„Ich bin süchtig nach Sex."

10 %  2 %

„Ich habe schon
darüber nachgedacht,
eine Therapie gegen
Sexsucht zu machen."

3 % ♂ ♀ 1 %

*18 % der Männer zwischen 35 und 44
beschreiben sich als sexsüchtig.*

„Meine Arbeit leidet darunter, dass ich ständig an Sex denken muss",

sagen **4**% der Männer und **2**% der Frauen.

Basis: alle Befragten, n=2036 Erhebungszeitraum: 01.06.2017-08.06.2017;
Basis: alle Befragten, die schon Sex hatten, n=1945 Erhebungszeitraum: 01.06.2017-08.06.2017

Die dunkle Seite des Sex

12.

Das Ende der Liebe

Ein einziger Partner fürs ganze Leben,
bis dass der Tod uns scheidet – das gibt
es in der heutigen Wirklichkeit praktisch
nicht mehr. Fast jeder geht durch
mehrere Beziehungen, und das heißt auch:
Trennungen. Und keine Trennung
ist leicht. Da zieht sich ein Verhältnis
lange hin, obwohl beide Beteiligten
wissen, es ist zu Ende. Dann endlich
zieht ein Partner die Konsequenz, in den
meisten Fällen ist es die Frau. Ein unge-
zwungenes Verhältnis zu dem oder der
Ex bekommen die wenigsten hin, man
geht sich nachher meist aus dem Weg.
Viele trauern noch lange dem alten Glück
hinterher und wünschen sich den
verflossenen Partner zurück – aber das
sollte ein Gedankenspiel bleiben. In der
Realität geht die Wiedervereinigung
meist daneben.

MAN TRENNT SICH SCHWER

Haben Sie schon einmal eine Liebesbeziehung am Leben erhalten, obwohl Sie eigentlich wussten, dass die Beziehung keine Chance mehr hat? Befragt wurden diejenigen Deutschen, die schon einmal eine Trennung erlebt haben.

„Ja, über mehrere Monate."
33 %

„Ja, länger als ein Jahr."
26 %

„Ich bin gerade in so einer Beziehung."
5 %

Basis: alle Befragten, die schon einmal eine Trennung erlebt haben, n=1603 Erhebungszeitraum: 04.05.2017-13.05.2017

Das Ende der Liebe

7 % der Katholiken,
aber nur 3 % der
Protestanten
befinden sich
gerade in so einer
Beziehung.

FRAUEN MACHEN SCHLUSS

Wenn Sie an vergangene Beziehungen denken, die in die Brüche gegangen sind – von wem ging die Trennung meistens aus?

Die Trennung
geht von der Frau aus, sagen **48**% der Frauen und **31**% der Männer. Die Trennung geht vom Mann aus, sagen **13**% der Frauen und **22**% der Männer.

NUR WENIGE RASTEN AUS

Haben Sie, nachdem Ihr Partner oder Ihre Partnerin Sie verlassen hat, schon einmal Dinge getan, die Ihnen später peinlich waren?

Besonders die jungen Frauen (18-24) neigen dazu, den Verflossenen mit Anrufen, Mails oder SMS zu überschütten (31%).

5% haben schon mal in der Öffentlichkeit eine Szene gemacht.

6% haben ihn oder sie unangemeldet zu Hause besucht.

14% haben ihn oder sie mit Anrufen, E-Mails oder Textnachrichten überschüttet.

14% haben schlecht über ihn oder sie geredet.

Basis: alle Befragten, die schon einmal eine Trennung erlebt haben, n=1603 Erhebungszeitraum: 04.05.2017-13.05.2017

Das Ende der Liebe

TRENNUNGSSCHMERZ

Hatte das Ende einer Liebesbeziehung bei Ihnen schon einmal eine der folgenden Auswirkungen?

Freiheit

37 % haben sich wieder frei gefühlt.

Isolation

21 % haben soziale Kontakte abgebrochen, die mit dem / der Ex zu tun hatten.

Sinnkrise

20 % haben gedacht, dass das Leben ohne den Partner / die Partnerin keinen Sinn mehr hat.

14 %	13 %	9 %	7 %
„Ich bin körperlich krank geworden."	„Ich habe mir Vorwürfe gemacht, dass ich nicht versucht habe, die Beziehung zu retten."	„Ich war arbeitsunfähig und konnte nicht zur Arbeit oder zur Schule gehen."	„Ich habe überlegt, mir das Leben zu nehmen."

SEHNSUCHT NACH FRÜHER

Gibt es eine frühere Beziehung, der
Sie heute noch hinterher trauern?

Ja,

sagen **38**% der Männer
und **31**% der Frauen.

Bei **19**% liegt die Beziehung weniger als fünf Jahre zurück. Bei **20**% ist sie zwischen fünf und zehn Jahre her. **61**% trauern auch noch mehr als zehn Jahre später der Beziehung nach.

Basis: alle Befragten, die schon einmal eine Trennung erlebt haben, n=1603 Erhebungszeitraum: 04.05.2017–13.05.2017

Das Ende der Liebe

KONTAKTSPERRE

Wie ist das Verhältnis zu Ihrem letzten verflossenen Liebespartner bzw. Ihrer letzten Parnterin?

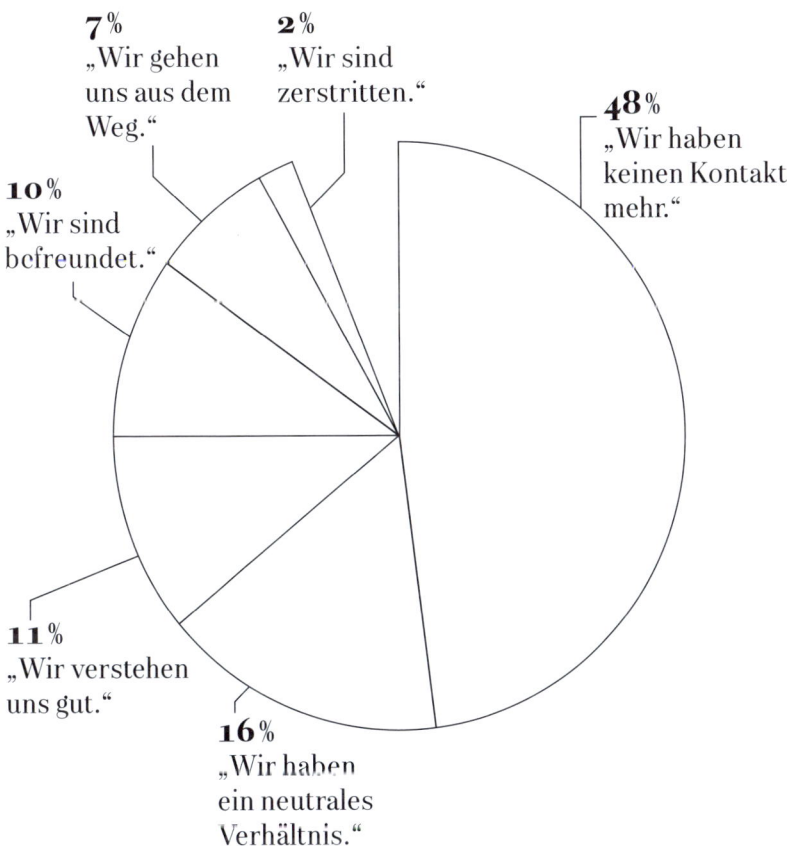

7% „Wir gehen uns aus dem Weg."

2% „Wir sind zerstritten."

48% „Wir haben keinen Kontakt mehr."

10% „Wir sind befreundet."

11% „Wir verstehen uns gut."

16% „Wir haben ein neutrales Verhältnis."

LASS ES UNS NOCHMAL PROBIEREN!

Soll man vergangene Beziehungen noch einmal aufleben lassen?
Die Zahlen sprechen eher dagegen.

43%

haben schon einmal versucht,
eine bereits beendete Beziehung
noch einmal aufleben zu lassen.
Hat es funktioniert?

15% „Ja, sehr gut!"
43% „Nur für kurze Zeit."
41% „Nein, gar nicht."

7%

hatten parallel zu
einer anderen Beziehung
Sex mit dem oder der Ex.

Basis: alle Befragten, die schon einmal eine Trennung erlebt haben, n= 1603 Erhebungszeitraum: 04.05.2017-13.05.2017; Basis: alle Befragten, die versucht haben, eine Beziehung aufleben zu lassen, n=686 Erhebungszeitraum: 04.05.2017-13.05.2017

25 %

hatten in einer Zeit ohne
Beziehung schon mal
Sex mit dem oder der Ex.

13.

Meinungen zu Sex und Liebe

Sind Sex und Liebe untrennbar miteinander verbunden? Eine knappe Mehrheit der Frauen sagt ja, eine knappe Mehrheit der Männer sagt nein. Aber immerhin: Männer und Frauen können echte Freunde sein.

„Man kann nicht mehrere Menschen gleichzeitig wirklich lieben; wirkliche Liebe ist auf maximal eine Person beschränkt."

43 %  42 %

„Sexuelle Beziehungen zwischen Lehrenden und (volljährigen) Lernenden (z.B. an der Uni) sollten tabu sein."

46 %  44 %

„Sexuelle Beziehungen mit Arbeitskollegen sollten tabu sein."

21 %  27 %

„Menschen sollten nur Sex haben, wenn sie in einer festen Beziehung sind."

13 %  16 %

„Ich lehne Sex vor der Ehe ab."

6 % 5 %

„Sex und Liebe sind für mich untrennbar miteinander verbunden."

46 % 53 %

Basis: alle Befragten, n=2036 Erhebungszeitraum: 01.06.2017-08.06.2017

Meinungen zu Sex und Liebe

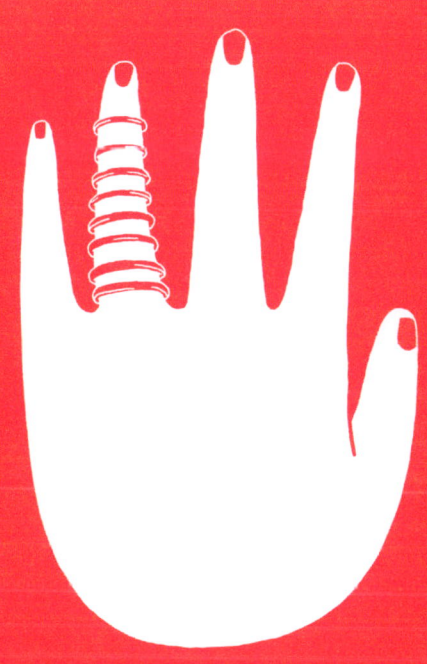

„Der Mensch ist nicht für die Monogamie gemacht."

41% ♂ ♀ 28%

„Für eine gute Beziehung gilt: ‚Gegensätze ziehen sich an'."

40 % ♂ ♀ 34 %

„Für eine gute Beziehung gilt: ‚Gleich und Gleich gesellt sich gern'."

42 % ♂ ♀ 37 %

18 % der Befragten untschreiben sogar beide Sätze!

„Kinder müssen besser
vor sexuellen Darstellun-
gen geschützt werden."

69%  80%

„Weniger intelligente
Menschen sind
besser im Bett als
der Durchschnitt."

14%  6%

„Gut aussehende
Menschen haben ein
besseres Sexleben als
der Durchschnitt."

27% ♂ ♀ 15%

„Gut aussehende
Menschen haben
mehr Sexpartner als
der Durchschnitt."

46% ♂ ♀ 32%

Basis: alle Befragten, n=2036 Erhebungszeitraum: 01.06.2017–08.06.2017

„Männer und Frauen können keine echten Freunde sein – Sex spielt da immer mit hinein."

27% ♂ ♀ 21%

IMPRESSUM

Edel Books

Ein Verlag der Edel Germany GmbH

Copyright © 2017
Edel Germany GmbH, Neumühlen 17, 22763 Hamburg, www.edel.com

Datenerhebung: *YouGov, Köln*
Projektkoordination: *Dr. Marten Brandt*
Art Direktion: *Andreas Volleritsch*
Illustrationen: *Joni Majer*
Grafik: *Nina Austermeier, Pia Sakowski; neubaudesign.com*

Druck und Bindung

optimal media GmbH
Glienholzweg 7, 17207 Röbel/Müritz

ISBN 978-3-8419-0561-1

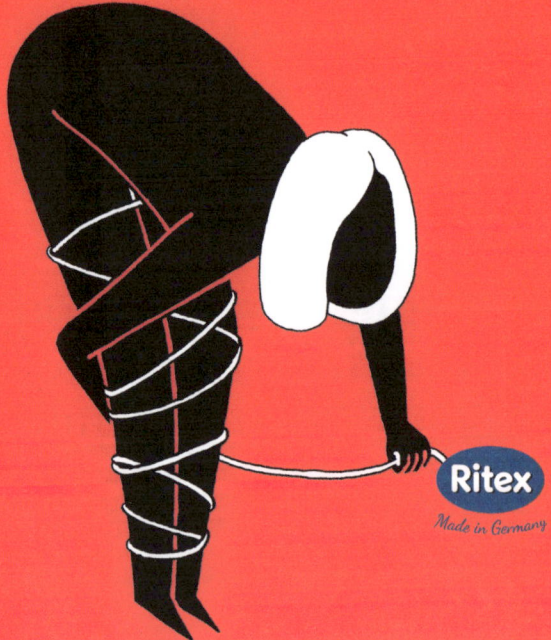